医療マーケティング

第3版

真野俊樹

日本評論社

はじめに

根強い医療不信

医療の特徴は，不特定多数の人に利益をもたらす公益性をもっていることと，サービス業であることである。この二つの側面をもった業種は，実はあまりない。医療・介護・福祉，教育・保育が，その代表である。

このように世の中のためになるサービスでありながら，残念なことに，最近の週刊誌をめくるまでもなく，日本における医療への不信感はきわめて強くなってしまった。2010年にロイター通信が報じた「医療制度に関する満足度調査」によると，日本人の医療満足度は15％で，これは世界の先進・新興22ヵ国中，最下位である。ちなみにトップはスウェーデンの満足度75％であった。

しかし，主観の要素が強い満足度においては日本の医療は評価が低いものの，客観的には，日本の医療は世界有数であると筆者は考えており，『日本の医療，くらべてみたら10勝５敗３分けで世界一』（真野，2017a）を著し，その素晴らしさを訴えた。これは筆者のみが主張していることではない。2017年の５月18日に，著名な医学雑誌である『ランセット』のオンライン版に公開されたレポートによれば，2015年の世界疾病負担研究（Global Burden of Disease：GBD）データに基づいて世界195ヵ国の医療へのアクセスと質を評価したところ，日本は195ヵ国中11位であった。この評価は，アクセスがよく質の高い医療が提供されていれば回避できたと考えられる回避可能死亡率を32の疾患分類ごとに求め，次に，食事内容，BMI，身体活動状況などの行動・環境リスクへの曝露の影響を極力排除するためリスク調整を

表０－１　カナダ産業審議会による各国の健康指標の評価

（The Conference Board of Canada, 2012より筆者訳）

	日本	フランス	ドイツ	米国	スウェーデン	英国
平均余命	A	B	C	D	B	C
自己申告による健康状態	D	B	B	A	A	A
若年死亡率	A	B	A	D	A	B
がんによる死亡率	A	B	B	B	A	C
循環器系疾患による死亡率	A	A	D	C	C	C
呼吸器系疾患による死亡率	C	A	A	C	A	D
糖尿病による死亡率	A	A	B	C	B	A
筋骨格系疾患による死亡率	A	C	A	C	B	C
精神疾患による死亡率	A	B	B	C	C	C
乳児死亡率	A	B	B	D	A	C
医療事故による死亡率	A	C	C	C	C	B

※Ａ～D。Aが最優秀。

行ない，原因別の死亡率で補正したものだという。なお上位10ヵ国はアンドラ公国，アイスランド，スイス，スウェーデン，ノルウェー，オーストラリア，フィンランド，スペイン，オランダ，ルクセンブルグで，以下も人口が少ない国が上位を占め，そうしたなかで前述のように日本は11位であった。英国は30位，米国は35位であった。

カナダのシンクタンクの調査でも，日本は圧倒的にAが多い（表０－１）。

ほかにも，医療を含めて住みやすい国を100ヵ国でランキングした『ニューズウィーク』誌のある記事では，日本は９位であった。これも人口の少ない国が強く，ベスト10はフィンランド，スイス，スウェーデン，オーストラリア，ルクセンブルク，ノルウェー，カナダ，オランダ，日本，デンマークである。

総じていえば，日本は，客観データを中心に評価した場合には，人口が多い国のなかでは最優秀であるが，日本人は，自国の医療システムや自分の健康度への評価が低い。そのために，主観的な指標を中心にすると評価が下がる傾向にある。

経営学の視点からは，顧客の満足度は，その参加意識によって規定される面があるといわれる。たとえば，セルフサービスの場合，食事の内容を選択しているという意識が生まれるので，満足度は向上しやすい。この点については後でくわしく取り上げる。

医療 ICT が普及していない日本

公平のために，日本の医療に対して厳しい評価を下したレポートも紹介しよう。それは医療 ICT に関するものである。

2016年２～４月に行われた，フィリップス社による Future Health Index Report 2016というものがある。13ヵ国を対象に，患者によりよい医療と価値をもたらす①医療アクセス，②医療の統合に向けた現状，③コネクテッドケア（Connected Care）技術の導入の三つのテーマへの意識を検証，数値化し，100点満点で評価したもので，総計２万5355人の患者と，2659名の医療従事者に対してオンラインで調査が実施された。

その結果，13ヵ国の評価指数の平均が56.5ポイントだったのに対し，日本の評価指数は49.0ポイントでこれを下回り，それどころかもっとも低い数値であった。13ヵ国のランキングは１位から順に，UAE（アラブ首長国連邦），オランダ，中国，オーストラリア，シンガポール，米国，スウェーデン，南アフリカ，英国，フランス，ドイツ，ブラジル，日本である。

日本が最下位となった理由は，在宅医療（ここでいう在宅医療とは，医師や看護師が患者宅を訪れるという伝統的なものだけでなく，タブレットを用い遠隔で医師と面談をするなどの場合を含む）が高齢化社会には重要であるのに，日本では患者も医療者もあまり熱心ではないこと，また，健康維持に重要と思われるコネクテッドケアの概念がほとんど知られていないことが指摘された。なおコネクテッドケアとは，「テレヘルスや患者モニター，医師と患者間の安全な電子メールでのやりとりを含む，患者と医療者間あるいは医療提供者間のネットでのやりとり」である（Alliance for Connected Care による)。

ちなみに新興国のほうが，政府がこの取り組みに主導的であるべきという考えをもっている。たとえば中国では61%，南アフリカでは63%，UAEでは78%の医療従事者がそう考えていた。日本に関していうと，日本でコネクテッドケアが進まないのは，個人情報保護とお金がかかる点が障壁であるというのが日本の医療従事者の意見であった。またヘルスケアシステムの統合については，多くの日本の患者や医療従事者が統合されているとは感じていなかった。

一つ非常に気になる点は，医療従事者と患者との意識ギャップである。「病気の予防に役立つ薬や治療」「診断に必要な医療検査」などへのアクセスが提供されているか，という質問に対し，医療従事者では「そう思う」という回答が半分以上を占めている一方，患者ではその割合は３割前後にとどまっている。

医療における生活者主権

実は，医療に対する満足度が低いというこの問題点は，本書の初版が刊行された2003年当時とまったく変わっていない。この不信をぬぐう解決策は何か。この解決策がマーケティング思考であると考えて著したのが本書の初版である。幸いにも版を重ね，2011年には新版化して今日に至った。

その間に医療のほうは，マーケティング思考の大きな特徴である「患者志向」「顧客満足」といった側面を含めて大きな変化をとげた。患者満足度の測定は医療機関の常識となり，「患者満足度を高め，選ばれる医療機関になるためにはどうしたらよいか」といった内容の書籍が書店に数多く並び，マーケティング学会では医療分野のマーケティングが研究されるようになったのである。実際，経年的に見ると，医療への満足度は徐々に高まってきている。この第３版には，そのような新しい流れや知見も取り入れている。

医療において，いや医療にかぎらず，生活者主権の流れはとどまることを知らない。とくに，インターネットを通しての膨大な情報の提供が，（その多くは正しい情報とはいえないとしても）生活者あるいは患者に選択の自由を与えるという動きをもたらしたこと，医療費の高騰が生じ，そのために医療の効率化が叫ばれるようになったことの２点は，患者（生活者）にとって大きなインパクトがあった。さらに近年では，日本経済の停滞から患者（生活者）の所得が増えないなかで，最新の高額な薬剤などを導入するために，通常であれば，かかった費用の３割ですむ低額なはずの自己負担額が大きな金額になり，患者の生活を圧迫しているという話題も出てきている。

このような状況で，マーケティング思考という解決方法は何を訴えているのであろうか。

医療マーケティングの必要性

マーケティングというと，「いかにモノを売りさばくか」といった営業の手段のように思われる人が多いと思う。しかし，もともとマーケティングとは生産者と生活者をつなぐ学問であり手法なのである（この点については本文でくわしく述べていく）。

したがって，医療機関に勤務する人には，マーケティングをもとにした考え方が必須だと思われる。近年，マーケティングという学問・手法の考え方が変わり，マーケティング概念が拡張されてきたために，公益性のあるサービス業である医療にもそれを十分に適用できるようになってきている。なぜなら，マーケティング思考はコミュニケーションスキルでもあるからだ。本書では，医療において必要とされるマーケティング思考とは何かという問題を読者のみなさんと考えながら，医師と患者のよりよい関係を探っていきたいと思っている。

マーケティングのよい例が，医療機関の選択である。日本のような自由主義国家では，自己決定の権利が非常に重視されている。よい医療を受けるために，いろいろ考え，選択する権利といえよう。実は医療においては，この一見当然ともいえる権利が保障されていない国が多い。たとえば英国では，住んでいる場所によって，診察を受けることができる医師がほとんど決まってしまう。日本のように自由に診察を受けるわけにはいかない。おまけに，いきなり病院に行ったら断られてしまう。まずかかりつけ医に診てもらいなさい，と言われるのである。

では，日本ではどうか。制度上はフリーアクセスといって，どこの医療機関にかかってもよいことになっている。しかし「かかることができる」ことと「選べる」ことは違う。医療機関側からの情報発信や，マーケティングが少ないのだ。では海外ではどうだろうか。それも本文で紹介している。

近年，医療に対するマーケティングの研究も増えてきた。マーケティングの視点で本書を紹介すれば，サービスマーケティングの手法で医療者と患者（生活者）の関係性を改善することを中心的な目標にしつつ，マーケティング戦略，関係性マーケティング，ソーシャルマーケティングといった内容にも触れた書籍であるといえよう。

予防とマーケティング

現在では初版刊行時（2003年）と比較して，予防に対する関心が大きく高まっている。健康に投資しなければならないということがわかってきたのである。

中国には「名医は未病を治す」という考え方がある。これは，まさに病気を予見し，不要な治療をすることなく健康を維持することが一番望ましいということを示している。最近では糖尿病，高血圧，脂質異常症など生活習慣病といわれる病気が増えてきた。風邪やインフルエンザなどの急性疾患と異なるこれら生活習慣病の特徴は，病気が治らないということ，生活習慣を改善することで病気になりにくくなるということである。それ以外にも，糖尿病の重症化予防，介護予防など，大きな保険事故が起きる前に対処しようという動きが盛んになっている。国も，健康経営や産業衛生の充実という形で，この動きを後押ししている。

予防については，医療本体に比べるとマーケティング手法の重要性が増す。本文中にも触れるが，医療については痛いとか，命にかかわるかもしれないというニーズがもとで生活者が行動を起こす。一方，健康を維持したり，より健康になりたいという視点の予防については，ニーズが見えにくい。マーケティングの泰斗であるフィリップ・コトラーがいうように，ニーズを行動につなげる必要があり，まさにそこがマーケティングの手法の出番である。これは，筆者が2005年に著した『健康マーケティング』（真野，2005）で主張した考えそのものであり，ソーシャルマーケティングの手法を取り入れていかねばならない。ソーシャルマーケティングについては本書の第４章でくわしく取り上げる。

マーケティングも変化している

また近年，マーケティングの考え方にも大きな変化が生じている。一つは，先ほど述べたソーシャルマーケティングの普及である。この手法は，たとえばエイズ対策などにおいて最終的には生活者の行動を変えること（すなわち行動変容），さらには社会改革を目標にしている。

コトラーらによるソーシャルマーケティング関連書の邦題を見てみると，この変化がよくわかる。1995年に邦訳が出版された書籍のタイトルは『ソーシャル・マーケティング：行動変革のための戦略』であった。2010年に出版された書籍のタイトルは『ソーシャル・マーケティング：貧困に克つ７つの視点と10の戦略的取り組み』である。方法は類似していても，より大きな社会問題に取り組む方法論として位置づけられてきているといえる。

ICT の進歩と医療ツーリズム

もう一つの変化は，ICT（Information and Communication Technology，情報通信技術）の進歩である。かつては患者は医師にほかの医療機関の紹介を求めた。しかし現代では，よほどのむずかしい病気でないかぎり，インターネットで調べて医療機関を選択することが，とくに初診の場合増えている。少なくとも，多くの患者がインターネットの情報を参考として利用している。

単に医療機関を選ぶということだけではなく，患者が積極的に医療に関与する手段としてICTが利用されるようにもなってきている。第８章で紹介する米国の状況は，まさに患者が参加する医療の話になる。

さらに，患者が国境を超えて別の国で医療を受けるという医療ツーリズムの動きも起こってきた。これは，やはりICTの進歩により，他国で行われている医療について知ることができるようになり，命にかかわるサービスであれば，費用をものともせずに，その国まで出かけて医療サービスを受ける人が出てきているということである。

本書の意義

2003年に刊行した『医療マーケティング』は幸いにも版を重ねた。2011年に「新版」を刊行したが，それからさらに８年が経過し状況が変化したために，今回「第３版」としてかなり大きく手を加えることとした。マーケティング領域や医療での新しい動きを多く盛り込んだので，以前の版を手にしていただいた方にも十分新刊としてお読みいただけると思う。これまでの議論からおわかりいただけたと思うが，この本は医療機関の経営者だけではなく，医療関係者のすべてが読者対象になる。また，医療機関の選択方法についてもくわしく述べているので，医療に関心がある方，医者にかかっている方すべてに関係がある。そこで，専門用語は極力避けて執筆した。また，近年行動経済学の進歩とともに経済学とマーケティングが接近してきている。筆者は医療経済学も専門としているので，本書では経済学の考え方も取り入れている。本書が読者のみなさんのお役に立てば望外の喜びである。

［付記］第３版への改訂にあたっては，データを新しいものに差し替えるように努めたが，調査によっては毎年継続して行なわれていないものがあり，その場合には旧版のデータを流用せざるをえなかった。読者のみなさんのご理解を賜りたい。また，マーケティングに強い関連性がある医療ICTの詳細は筆者の他の著書，たとえば『医療危機：高齢社会とイノベーション』（真野，2017b）などを参照されたい。

目 次

第１章 マーケティングとは何か

●マーケティングとは何か

近年の調査によれば，日本の医師の労働時間は相当の長さに及んでいる(図１－１)。図１－２に示すように，日本ではほかの先進国と比較して医師数が少ないこともその原因の一つであろう。

一方では，医療不信や患者の満足度があまり高くないという問題がある。つまり，医療における消費者とサービス提供者のあいだには，かなり考え方の違いがある。これをどう埋めるかを検討していくには，マーケティングの考え方を応用することが役に立つのではないだろうか。本書の主題であるマーケティングとは，生産者と消費者をつなぐ学問であり手法である。前述のような食い違いをなんとか読者のみなさんと一緒に解決しようというのが，本書の目的である。以下，まずマーケティングとは何かをおさえ，それが医療とどうかかわるのかを考えていこう。

マーケティングというと営業の手段のように思われる人が多いと思う。しかし，本当にそうなのだろうか。医療関係者のみなさんはマーケティングと

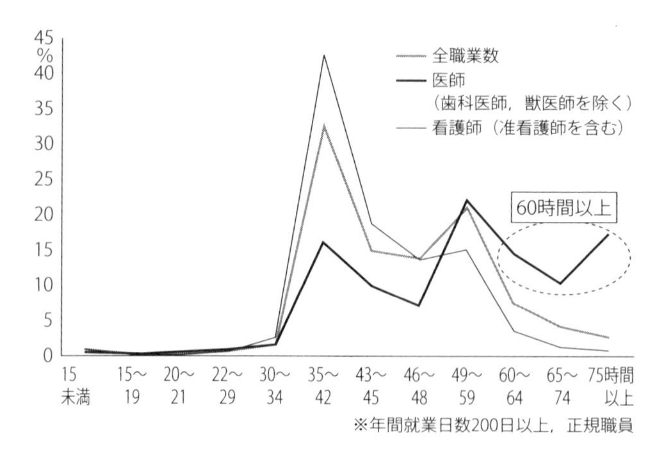

図１－１　医師や看護師の１週間の労働時間（総務省，2013）

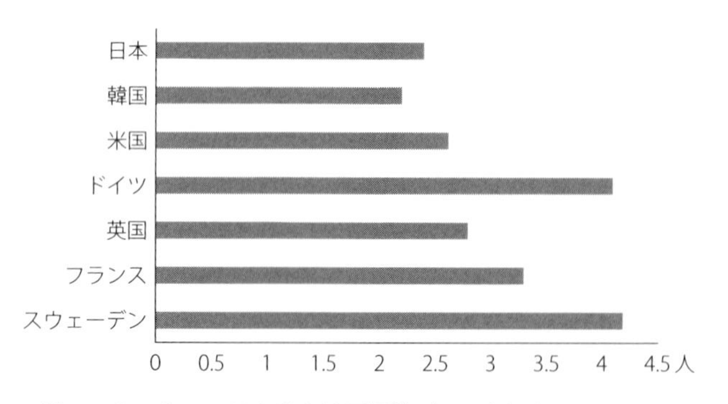

図１－２　人口1000人当たり医師数（2015年）（OECD，2017a）

いう言葉で何を想像されるだろうか。「モノを売ることでしょう」とか「金もうけ」「医療には無縁」といったところがもっとも多い答えかもしれない。しかし，これらはまったくの誤解といってもいいすぎではない。

経営学の泰斗であるピーター・ドラッカーはその著書『マネジメント』（2001）において，「マーケティングの究極の目的は，営業を不要にすることである」と述べている。

では，営業とマーケティングの違いとは何であろうか。これについては，嶋口（1994）が，『顧客満足型マーケティングの構図』において，次のようにセリング（営業）とマーケティングを説明している。

表1－1　営業とマーケティングの違い（嶋口，1994）

営業の機能	マーケティングの機能
売り込み	売れる仕組みづくり
アクション中心	頭脳中心
今日の糧を得る	明日の糧を準備する
収穫をする（コスト発想）	成長の糧をまく（投資発想）
日常業務型	未来戦略型
今日の効率（output/input）を問う	明日の効果（市場への適合）を問う

営業では，製品・サービスを顧客に売り込むために説明・説得しなければならない。したがってその性質は「アクション中心」となる。すなわち営業の本質は「今日の糧を稼ぐためにアクション中心に顧客に売り込む」ということになる。それに比べ，マーケティングは「売れる仕組み」や「成長の仕組み」が中心となるので，アクションというより「頭脳中心」ということになる。売れる仕組みをつくるには，そのサービス・製品を受容してくれる市場価値や市場ニーズにフィットしなければならない。そのための調査・発見・創造が求められることになる。営業が「今日の糧」を稼ぐものだとしたら，「明日・将来の糧をいかに求めるか」を解決する手段がマーケティングにほかならないと嶋口は述べている。

マーケティングにおける究極の目的は，明日の売れる仕組みづくりと考えることができる。ということは，明日が今日になったときはすでに「売れる」ことになり，営業の「今日のために売り込み」は不要となる。すなわち，先のドラッカーの言葉に帰結することになる。

まとめると，営業とマーケティングの違いは，表1－1のようになる。

●マーケティングの意味と必要性

最近，世間でよく聞かれる「消費の低迷」という言葉がある。これはみんながもう欲しいものがないので，これ以上商品を購入したくない，だから消費を控えているということだ。たしかに，薄型液晶テレビはあるし，クーラーもある。洋服だって何着も持っているかもしれない。でも，本当に欲しいものがなくなってしまったのだろうか。そうではないと思う。お金を出してまで買いたいものがない，というのが実際のところではないだろうか。

そもそも，私たちの欲望というものはかぎりがない。だから，昔は，いろいろなものを生産すれば売れた。しかしながら，現在はそういう時代ではないことになる。でもそれは，私たちの欲しいものがないというのではなく，むしろ，生産したものが売れない，生産されたものに欲しいものがないということが問題なのである。

実は，こうなってしまったことには大きな意味があるので，少しここで考えてみたい。昔は，生産が消費に追いつかなかった。それはどういうことか。ヒトが，モノをみずからの力で生産していた時代のことを考えてみよう。その時代にはそんなにたくさんのモノをつくることができない。だから生産物である商品の取り合いになるわけだ。奪い合いの歴史，といってもよいかもしれない。土地などは，モノをつくるのに欠くことができず，かつ生産ができない。だから，戦争で土地の奪い合いになったともいえる。

ではどうやって生産を増やしたらよいのか。これが人類にとって大きなテーマであった。

ここに一つの解答が示される。その方法は，分業である。経済学者のアダム・スミスが，ピンをつくるときに，最初から最後までの全工程をすべて一人の人が行なうよりも，たとえば針金をまっすぐにするのはＡさんが専門，その後に針金を切るのはＢさんが専門，というやり方をしたほうが，ずっと能率がよいということに気がついた。これが分業の考え方だ。

たしかにずっと同じ作業をしているほうが，早く熟達する。この考え方は，もっと広い範囲に応用可能だ。歌がうまい人は歌手になり，歌を聞かせる。衣服をつくるのがうまい人は洋服屋さんになったほうがよい。

もう少し洗練された考え方として，習熟曲線とか経験曲線などといったものが，戦略系のコンサルタント企業であるBCG（ボストン・コンサルティング・グループ）から提案された。累積生産量が２倍になると，コストが15～25%削減されるというものだ。

話を戻そう。モノをつくるための，たとえば工場のラインのようなところでは，針金をまっすぐにした後に切るといった順序があるので，お互いの仕事が違っていても問題はない。しかしパン屋と洋服屋の場合にはどうだろうか？　パン屋はどんどんパンをつくる，洋服屋もどんどん服をつくる，そうすればたしかに生産効率はよい。しかし問題は，多くつくりすぎては無駄になるということだ。逆にいえば，ほかの誰かが自分のつくりだすものを欲しがっているのを知っていて，商品を生産することがポイントである。

しかし，ここで問題が発生する。パン屋がつくったパンと，洋服屋がつくった洋服，どちらも必要なものだが，それらを入手するには，そのための場がなければならない。それが市場になる。経済学では「市場」を「シジョウ」と読むが，ここではむしろ「イチバ」と考えたほうがよい。現代でも，イスラム圏や発展途上国で多くみられる，広場に屋台を並べたイチバである。

ではこのイチバがあればよいのか，というとそうでもない。ここでパン屋が洋服を手にするには，自分が生産して持っているパンと，洋服屋が生産した洋服を交換しなければいけない。このためには基準がいるのだ。それがお互いの商品の価格であり，ここで貨幣が必要になってくる。

さて，ここまでは経済学の世界である。原始的な市場ではこれで問題はなかった。つまり，お互いに欲しいものがわかり，それを市場で交換すればよかった。しかし，現代では（いや現代ほど複雑でなくても），少し考えれば，お互いに売りたいものの交換がこんなに簡単にいかないことはわかると思う。売り買いのタイミングもあるし，場所もあるだろう。場合によっては，誰が何を必要とするかがわからないことだってある。ではどうすればよいのだろうか。何が問題なのだろうか。商品を生産から消費にもちこむ機能が必要ではないだろうか。実はこの機能を果たすのがマーケティングになる。

となると，マーケティングは現代のように分業や専門化が進んだ世界では欠くことができないものといえる。

●発展してきたマーケティングの定義

ここまでで，大まかにマーケティングとは何かがわかってもらえたと思う。さらに深く理解をしていただくために，次にマーケティングの定義を考えてみよう。

マーケティングは米国で盛んだ。米国マーケティング協会（AMA）というのがメジャーな団体だが，この団体による定義にも移り変わりがある。これは先に述べた現代における消費低迷の話に関連している。

AMA の1960年の定義は，「マーケティングとは，生産者から消費者または使用者への商品およびサービスの流れの方向を定める企業活動の遂行である」というものだった。しかし85年に，AMA は定義を「マーケティングとは，個人や組織の目的を満たす諸交換を生み出すために，アイデア，商品，サービスのコンセプト，価格づけ，営業促進，流通を計画し，実行する過程である」と変更している。

古い定義は，売り手が買い手の購買意欲を刺激するという，一方的な市場操作の視点である。心理や医療関係者の方は，「パブロフの犬」というものを知っていると思う。残酷だが犬の腹に穴をあけて胃液を取り出せるようにしておくと，ベルを鳴らしながら食べ物を見せたときに胃液が分泌されることがわかる。これを何度も繰り返すと，最後には食べ物がなくても，ベルを鳴らしただけでも胃液が分泌されるようになる。

1960年の定義では，買い手は条件反射の「パブロフの犬」のごとく主体性はなく，売り手・買い手の交換関係はテイク・アンド・テイクという 1 回かぎりの短期的なものである，と考えている。それに対し，85年の新定義では，売り手と買い手は双方向的な関係で，買い手は製品購入に対して主体性をもち，長期的かつ継続的なギブ・アンド・テイクの関係であると考えている点が，両者の大きな違いである。ここで，商品を生産から消費にもちこむ機能であるマーケティングの定義がなぜこのように変わったのかが重要である。

また，新定義では，マーケティングの主体（売り手）は，利潤動機で動く営利企業に限定されていない。この定義のなかでは，マーケティングは教会・博物館・学校・政治家・社会福祉団体など非営利組織や個人の価値目標達成に向けた交換問題一般としてとらえることもできる。そしてその扱う対象も，形のある有形財だけでなく，形のない無形財である各種のサービスや社会的アイデア（たとえば家族計画の重要性や禁煙運動など）にも及ぶ。いいかえれば，新定義はかなり拡張性をもったのである。また，新定義では結果だけでなく過程にも注目している点も覚えておいてほしい。ここが経済学との違いとして強調されることもある。

さらに，2004年に新たな改定がなされた。そこでは「マーケティングとは，顧客価値を創造，伝達，提供し，組織とそのステークホルダー（利害関係者）に便益をもたらすように顧客との関係性を管理するための組織的な機能と一連のプロセスである」とされ，「価値」という言葉が出てくる。そして「交換」という概念が後ろに下がっている。

そして2007年，さらに改定された新定義では「マーケティングとは，顧客やクライアント，パートナー，さらには広く社会一般にとって価値のある提供物を創造，伝達，提供，交換するための活動とそれに関わる組織，機関，及び一連のプロセスのことである」とされ，わずか数年で「交換」が再び話題になっている。やはり「交換」の概念がマーケティングにおいて重要であることがよくわかる。また「社会」という言葉が登場している。

日本マーケティング協会（JMA）は，1990年にマーケティングの定義を発表している。そこでは「マーケティングとは，企業および他の組織がグローバルな視野に立ち，顧客との相互理解を得ながら，公正な競争を通じて行う市場創造のための総合的活動である」とされている。ここでも，対象を営利企業に限定しない双方向性が含まれている。マーケティング学者はこのあたりを，どう考えているのだろうか。

米国のマーケティング学者で，おそらく日本でもっとも有名なのがフィリップ・コトラーであろう。マーケティングの教祖のような彼は，「マーケティングとは，製品と価値を生み出して他者と交換することによって，個人や団体が必要なものや欲しいものを手に入れるために利用する社会上・経営上のプロセス」と考えている（コトラー，2001）。1985年のAMAの定義に似ているのに気づかれると思う。ここでも過程（プロセス）が強調されている。

●行動経済学の登場

このように過程（プロセス）を重視する考え方は，マーケティングや経営学の専売特許ではなくなってきた。2017年のノーベル経済学賞(1)受賞者は米シカゴ大学のリチャード・セイラー教授で，授賞理由は行動経済学の理論的発展に貢献したことである。ここで，少し経済学に脱線しよう。

経済学は「社会科学の女王」といわれる。物理学が「自然科学の王」といわれることに対比しての比喩であるが，なぜ経済学はここまで評価が高いのであろうか。またなぜ，王になれないのであろうか。

科学の王たる物理学は，自然現象を支配する法則を，物質の構造を分解・分析することで探究し，物質の構成要素間，たとえば原子や素粒子の相互作用としてとらえる。結果として自然法則を量としてとらえ，数学的な関係式として表すことが特徴となる。

一方，社会科学の方法論は対極にある。集合的にものを考える，あるいは個別の現象から普遍的な原理を導き出そうという社会学などのアプローチは，物理学とは対照的といえる。

経済学が科学として評価される理由の一つは，方法論的個人主義の徹底であるともいえよう。方法論的個人主義とは，簡単にいえば，物理学が要素をどんどん分解していって，その究極にある原子や素粒子の動きを考えるように，社会現象を個人の行動とその関係から説明しようとする考え方である。物理学との比較でいえば，原子が人間個人にあたると考えればわかりやすい。

このことから，経済学が王になれない理由が浮かび上がる。個人は原子と違って行動パターンが複雑であるから，原子のようにある物理的な力が加わったら必ずある方向に動く，ということにはならない。

そこで，経済学では，個人がお金という外部の力で動くものとの仮定をおいた。さらに，お金の刺激が物理的な力のように加わったときに，個人が合理的に判断して金銭的に得なほうに動くと考えたのである。人の個人を原子とみなす，これが合理的経済人の仮定である。経済学が「ニュートン物理学」的な科学的思考を行なううえで，この合理的経済人の仮定はなくてはならないものである。

このように，刺激を量で表し，反応過程を法則化し，動きを量で表すことで，経済学は，「社会科学の女王」になったのである。実際，多くの数学的な論文が産出される。ただし，王でなくて女王なのは，あくまで仮定をもとにした世界であるからである。

合理的経済人はホモ・エコノミクスといわれる，経済的な目的によってのみ行動する人間のことである。経済学へのよくある批判は，この方法論的個人主義，なかでも合理的経済人という仮定をおいていることに向けられる。

2002年ノーベル経済学賞受賞者のダニエル・カーネマンは，現在ではマーケティングなどの経営学でも教えられるようになった二つの理論をモデルとした。一つめのプロスペクト理論（prospect theory）は，不確実性下における意思決定モデルの一つである。簡単にいえば，1万円を手に入れる喜びと，1万円を失うダメージでは，どちらも同じ1万円なのに，多くの人は失う1万円の価値のほうがはるかに大きく感じる，といった差を示すものである。抽象化すれば，選択の結果得られる利益額もしくは被る損害額およびそれらの確率が既知の状況下において，人がどのような選択をするかを記述するモデルである。

もう一つは，ヒューリスティクスである。ヒューリスティクスは，人が意思決定を行なう際，問題が複雑なときに間に合わせの推論で答えを出す便法をいう。これらは経験に基づくことが多く，短時間で答えを出せるために多くの人がこれを使う。経験則と同義で扱われることもあるが，判断に至る時間は早いものの必ずしも正しいわけではなく，判断結果に一定の偏り（バイアス）を含んでいることが多い。ヒューリスティクスの使用によって生まれている認識上の偏りを認知バイアスと呼ぶ。

そして，前述したリチャード・セイラーが行動経済学をわかりやすく解説し，普及したのである。セイラーが確立したナッジ理論の例としては，アムステルダム・スキポール空港の便器の例がある。便器にハエの絵を描くことで，「的に狙いを定める」という人間の心理を誘導し，床に小便を飛び散らせないようにして，清掃にかかる費用を80％削減するという経済的効果をあげたのだ。抽象化すれば，ナッジ理論は小さなきっかけを与えて人々の行動を変える戦略で，ソーシャルマーケティングにもつながる手法である。

●行動経済学が重視されるわけ

行動経済学が重視されるようになったのは，旧来からの経済学の考え方に少し難があったためだが，それでは行動経済学の考え方を使うとどのようなメリットがあるのであろうか。

行動経済学は，必ずしも合理的ではない人間の現実の選択がどのように行なわれているかをモデル化することを目指している。

たとえば，長い期間働いて稼いだ100万円と，宝くじであてた100万円とでは，使い方に違いが生じることがある。長いあいだ働いて稼いだお金は慎重に使うが，宝くじのほうは気楽に使ってしまうかもしれない。同じ金額であるのにである。

あるいは，2002年にノーベル経済学賞を受賞したカーネマンと，トベルスキーの実験がある。異なるキャッチフレーズの二つの保険，すなわち「火災にかぎり完全に保障します」という保険と，「財産の大きな損失を防ぎます」という保険があった場合，同じ内容であっても前者を選ぶ人が多いという。具体的なほうがわかりやすいというイメージ思考によるものである。

このように，人間の判断は，必ずしも合理的な計算に基づくわけではなく，そこにかかわる不確実性やイメージのような主観的な判断が非常に重要な影響を及ぼしているのである。

今後の経済学は，このような心理学的な側面も考慮すべき時期にきているといわれる。また，病気や命にかかわる分野では，とくに心理学的な要素が大きいといえよう。

行動経済学によって，この後述べるような，なぜ人が健康になる行動をとることができないのか，非合理にみえる行動をとってしまうか，といったことが説明できるという。つまり身近な行動の分析ができることがその特徴である。マーケティングの分野でいえば消費者行動論になる。

●マーケティングの始まりはGM

さて，話をマーケティングに戻そう。昔は生産されれば，マーケティング機能によって商品が売れた。1960年のAMA定義のように，マーケティング担当者は広告を打つなどして，消費者に購買意欲を起こさせ，購入させたわけだ。

一つ例を挙げたい。自動車の大量生産のはしりは，T型フォードである。自動車の歴史は150年程度で，その前は馬車の時代だった。さてフォード社のつくりだしたT型であるが，その頃は大量生産・大量販売の時代で，製品に個性はなかった。みな自動車に乗りたかった。格好なんてどうでもよかったともいえる。みな同じT型でよかった。だからフォード社の創業者のヘンリー・フォードは，こんなすごいことを言っている。「誰でも欲しい色の車を手に入れることができる，ただしその色が黒であるならばの話だが」と。

しかし，そんな時代は長く続かなかった。その後にGM（ゼネラル・モーターズ）の時代がくる。1913年にT型フォードが大量生産されるようになった頃に，いかに商品を大衆に届かせるかというマーケティングが産声をあげた。GMはその後にスポーティイメージの車で大成功を収める。このように過去のパラダイムは変化していく。

その後1930年代の売り上げ志向のマーケティングの時代を経て，1950年頃からテレビを広告媒体の主役としたマーケティングが華やかになる。マスマーケティング時代の到来である。その頃までは，生産したものを，いかに消費者に認知させ，販売するかが重要だったのだ。

●変化した消費者のニーズ

ここで消費者ニーズ（Needs）という概念を整理しておきたい。似たような言葉にウォンツ（Wants）がある。ニーズは「人間の感じる欠乏状態」，ウォンツは「ニーズの表現」であり，社会的文化的な背景をもつものとされる。もっと具体的にいえば，自分の人生で何か成しとげたいことがあってそれがまだ実現できていなければ，そこにニーズがある。マーケティングは交換を通してその消費者のニーズやウォンツを満たすわけだ。ニーズのほうが本質的なので，ウォンツだけでなく背後にあるニーズをつかむことが重要だというのが，マーケティングの発想になる。

さて，T型フォードから時代が下ってくると，消費者のニーズを把握することが重要になってきた。もはやT型フォードはいらない。個性的なものが必要とされるようになったのである。消費者が個別性の強い商品を求めるようになってきたのだ。また生産力も飛躍的に伸びてきた。このような時代には，生産者がどんどんモノをつくってもそれが消費されるとはかぎらない。

つまり生産より消費が少なくなるという，新しい時代が到来したのだ。これは非常に大きな変化であることがわかってもらえると思う。当然，マーケティングの役割も変化してきた。それがAMAの1985年の定義に現れている。そこでは，新しい消費者を開拓することが非常にむずかしいので，今までの消費者と良好な関係を築くことに主眼が移ってきたといってもよい。

そんななかでも，われわれが普遍的に得たいものがないわけではない。それは，実は健康関連のものなのだ。

カーターやクリントンの民主党政権で要職を務めたロバート・ライシュは『勝者の代償』（2002）という本のなかで，今後の成長領域を次のように考えている。本書のこれからの話に関連するので，少し長くなるが引用しておく。

「健康――人はどんなに体調がよく，またどんなに長生きをしていても，常にもっと体調よく，もっと長生きしたいと思うものである。体調をよくし，寿命を延ばすためのアドバイスや医薬品，健康器具，治療，運動などの需要にかぎりはない。

娯楽――人びとはすでにどんなに人生を楽しんでいても，より多くの面白いこと，スリル，驚き，サスペンス，快感，興奮，そして美しさを楽しみたいと願っている。それゆえに，娯楽に対する需要にも制限はない。それは映画，ビデオ，演劇公演，音楽，スポーツイベント，旅行，物語を楽しんだり，ハンググライダーやバンジージャンプのような命懸けの経験をする，あるいは3歳の子どもとテーマパークで遊ぶといったことである。

他人に対する魅力――どんなに素敵な人でも，たいていの人びとはもっと他人をひきつけたいと思う。その結果，ファッショナブルな衣服，化粧品，口臭予防剤，歯科矯正，お腹を引っ込めること，日焼けクリーム，ヘアカラー，ダイエット，そしてよりセクシーに，魅力的に，説得的になり，あるいはよりエキサイティングになるためのありとあらゆるアドバイス，といったものへの無限の市場が存在する。

知的刺激――あまりおもしろくない正式な学校生活を何年も送ることで精神的なダメージを受けているにもかかわらず，ほとんどの人間の頭脳は，まだまだ刺激されたいと切望している。したがってニュース，情報，解説，歴史叙述，物事の道理についての洞察といったものへの欲求に限界はない。

ふれあい――世捨て人や人間嫌いを別にして，人間は他者とかかわりたいという，飽くなき欲求をもつ社会的な動物である。それゆえに，より速く，容易に，安く，そして便利にかかわりあうことのできる手段についての市場は無限にあるし，またちやほやされたり，世話をしてもらったり，マッサージをしてもらったり，そして性的に喜ばせてもらったりすることについての市場も同様である。

家族の幸福――人はもともと自分にもっとも似ている遺伝子をもつ者に対して利他的になるように生まれついている。家族は争うこともあるけれども，ほとんどの人びとは，子どもやもっとも近い親族について，その幸福や健康を際限なく願うものだ。それゆえに，育児・介護，教育，励まし，あるいはそのほかの愛する者の幸福を保証するのに役立つようなモノとサービスに対する需要もまた膨大なものになる。

金銭的な保証――お金は幸福をもたらさない。しかし，お金は前述したような幸せをもたらしうるいかなるものをも，得させてくれる手段である。その結果，貯蓄のリターンを最大にするような資金運用のためのアドバイスや投資計画，そしてまた万が一のリスクに備えるための保険についても，ほとんど無限の市場がある」

彼の指摘の多くが健康関連であることがみてとれよう。

●マーケティングの近年の傾向

前述したように，1950年頃から，テレビを広告媒体の主役としたマーケティングが華やかになる。4Pというマーケティングミックスの考え方もこの頃に始まった。4Pとは，商品（Product），価格づけ（Price），流通（Place），販売促進（Promotion）のことだ（ジェローム・マッカーシーによる）。

その後1990年代になって，情報革命がマーケティングにも影響を与えだした。この頃から4Pに変わり4C，すなわち，顧客価値（Customer Value），顧客が払ってもよいと考える対価（Cost），利便性（Convenience），コミュニケーション（Communication）といった顧客志向が強まり，双方向性，学習に基づいたOne to Oneマーケティングという考え方が出てきた。

もちろん，だからといって旧来のマスマーケティングも重要性が減ったというわけではなく，顧客・製品の特徴に応じてむしろ伝達方法が増えたと考えるべきであろう。

インターナルマーケティングという考え方も広がってきた。サービスマーケティングの成果から，ES（Employee Satisfaction：従業員満足）とCS（Consumer Satisfaction：顧客満足）の関係が明らかとなってきたからだ。とくに，従業員が顧客の相手を務めるサービス業においては，ESなくしてCSはありえない。さらに，マーケティングと組織研究の接点が拡充し，マーケティング戦略論が語られるようになってきている。マーケティング思考なしには組織研究もあたわず，という時代になっているのだ。

日本での流れはどうか。米国から遅れること数十年，1950～60年代に，生産志向と営業志向のマーケティングが始まった。すなわち所得平準化により大衆の消費が期待されるようになったのだ。また，景気回復と消費財需要の拡大がみられ，「もはや戦後ではない」というキャッチフレーズのもとに高度成長期が始まった。米国からマーケティング手法の輸入が盛んになったのもこの頃だ。

1970年代には，オイルショックもあり，社会志向が芽生えた。公害問題，欠陥商品，価格操作などが問題になり，不買運動なども起こった。その後80年代には国内市場が成熟・飽和状態になり，90年代から顧客志向・環境志向で，顧客満足，エコロジーといった発想が重視されてきた。景気低迷から，長期的な顧客との信頼関係による顧客囲い込みに視点がおかれるようになったわけだ。

1990年代初めのバブル崩壊以後，マーケティングも含めて，日本でもさまざまな反省が生まれた。石井（1999）の論文「日本型マーケティングの変貌」は，米国のマーケティングをわが国の現実に適応させながら翻案してつくり上げた「日本型マーケティング」への改革の処方箋を提示したものである。

石井は，日本型マーケティングで見直しが必要なポイントの一つは「価格競争には走らず差別性の高いブランドを構築すること」であると主張した。差別性の高い商品を創造することは，マーケッターの願望であるリピートカスタマーの創造につながる。つまり，顧客ロイヤルティの最大化につながるというのが石井の主張であった。

顧客満足度という言葉がある。この考え方は，消費者の主観に基づいており，ほかと比べた満足度は，顧客が感じる製品・サービスに対するクオリティ（質）を表す。たとえば，PIMS（Profit Impact of Market Strategy）という，1960年から世界的企業であるGE（ジェネラル・エレクトリック）が実践し，現在ハーバード大学に引き継がれた考え方では，今の日本のような低成長時代には顧客が感じる製品・サービスに対するクオリティが重要視されるという。この顧客満足度は後で検討する重要な言葉なので，覚えておきたい。

●マーケティングは夢や経験を重視する方向へ

一方では，新興国の人口ボリュームと購買力に注目して，BOPビジネスという概念が生まれた。BOP（Base of the Pyramid）ビジネスとは，人口のなかで，もっとも収入が低い層を対象としたビジネスのことである。世界で約40億人がこの対象で，市場規模は約5兆ドルにものぼるといわれる。直接的な利益の獲得を目的としないCSR（Corporate Social Responsibility：企業の社会的責任）活動の発展形ともいえるもので，企業の利益を追求しつつ，低所得者層の生活水準の向上に貢献できるWin-Winのビジネスモデルが求められる。インドにおけるP&G，中国におけるヤクルトなどがその成功例として話題になっている。「はじめに」で触れたコトラーらの『ソーシャル・マーケティング』(1995）のように，ある意味では，ソーシャルマーケティングは，さまざまな階層の人に夢や幸福を売っているともいえよう。

物質的豊かさと幸福との関係について，ポーランド出身の社会学者バウマン（2009）は，「一人当たりGDPが一定水準に満たない場合は『不幸』だが，それが一定水準を超えると，一人当たりGDPと幸福度の間に関係はみられなくなる」と述べている。一人当たりGDP 1万ドルまでは正の相関があっ

表１－２　新しい幸福の物語と消費の形（山田ら，2009）

幸福の三つの物語	目的	対象	消費の形
自分をきわめる物語	自分の満足を追求すること	自分自身	・はまる ・手ごたえ消費
社会に貢献する物語	自分の生きる意味に納得感を見つけること	社会や未来の人類	・ギルティフリーになる ・循環（サステナビリティ）を取り入れる
人間関係のなかにある物語	自分の居場所を確保すること	人間関係	・利他的になる ・仕事を買う

て，GDPの値が増えるにしたがって幸福度の値も大きくなるのに，１万ドルを超えるとバラバラで，相関関係がなくなるというのだ。もちろん，日本はその段階にある。

山田昌弘によれば，一般に，幸福は三つの要素から成り立っているという。それは「お金」「健康」「人生の充実感」である。これらは，ある意味では夢を買っているともいえよう。さらに，山田ら（2009）の最近の研究では，表１－２のように幸福と消費の関係が整理されており，社会への貢献も重要視されている。

上記に関連して，少し長くなるが，嶋口らの『マーケティング・アンビション思考』（2008）より引用しよう。

マーケティングはいかにして夢を売るのか。これには三つの側面がある。

「一つは，画期的な新製品という形を持った夢だ。たとえばテレビ，自動車，ウォークマン，パソコン，携帯電話などを思い浮かべてもらいたい。それらのいずれも画期的な商品であり，人々に夢を与え，生活を変えた。

これらの商品では技術革新のみならず，将来の夢，理想の生活を提示したのである。たとえば，ウォークマンでは，両手を自由にして歩きながら音楽を聴く，という理想のライフスタイルを提案し，それが受け入れられたことになる。これをマーケティング的に考察するならば，消費者の潜在的なニーズやウォンツを掘り起こし，現実化していく作業であるといえる。（中略）これらの商品は，その商品の用途を通して，ライフスタイルを変えた。それこそ，類稀なマーケッターが信念に裏打ちされたアンビションを持って，想像し，技術者とともに創造した商品なのだ」

さらに嶋口らは続けて，

「マーケティングが与え得る二つめの夢の形は，すでに存在している商品なりサービスに新しい意味を与えることだ。これは消費者の潜在的なニーズやウォンツを引き出すというよりも，期待値を塗り替える作業に近い。これらの例は，サービス産業に目を転じるとわかりやすい。

マーケティングが与え得る三つ目の夢の形は，象徴である。これは，エモーショナルな形を持って現れる。ある意味では信仰に近い世界である。

（中略）私たちは今，企業におけるマーケティングについて考えているが，そうした意味でマーケティングは，それこそ宗教にも，さまざまな運動にも，政治にも有益な効果を与えるものなのである。つまり，伝道はマーケティングの一側面であるといえるわけだ。まさに，信者を創り出すことが，マーケッターの最高の栄誉でもあるのだ。その商品が提供する価値が，顧客にとって人生の根幹をなす一部にまでなり，生きがいとなることすらあるのだ」

引用の最後にあるように，「商品が提供する価値が，顧客にとって人生の根幹」をなすものはそれほど多くないと思われるが，サービス産業である医療の提供がつくり出す健康がその一つであることはいうまでもない。その意味でも，マーケティング思考，なかでもソーシャルマーケティングの概念は医療に大いに適用可能なのである。

続いて，この視点から公共性とマーケティングについて考えてみよう。

●公共性とマーケティング

そもそも，公共的な要素が経営自体の話題になってきたのは，1960年代後半のことだ。この頃に企業のCSRと社会的貢献について世間が注目しはじめた。具体的には，消費者問題や環境，資源などの話である。その後，70年代になって非営利組織のマーケティングの話が出てきた。これについては後で述べよう。さらに70年代後半になると，製造業からサービス業へ力点が移ったために，サービスマーケティングがクローズアップされるようになった

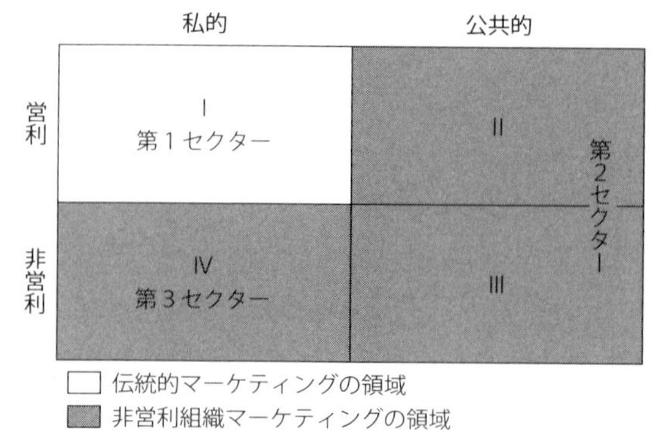

図1－3　マーケティングの領域（マーケティング史研究会編，1993）

（第3章参照）。さらに80年代に，リレーションシップマーケティング（関係性を重視したマーケティング）とか，信頼やコミットメント（将来とる行動を表明し，それを確実に実行すること），関係づくりという概念が現れてきた。また，マーケティングと公共性という問題は70年代に生まれ，その後発展してきたということができる。

前述のコトラーも，医療機関を含め非営利のマーケティングに対して関心をもっている。彼の考え方では，私的・公共的，営利・非営利に企業を分ける（図1－3）。一般には，マーケティングは，私的かつ営利の組み合わせであるである第1セクター内企業が行なうものであるとされるのを，そのほかの三つのセクター枠にも広げて考えるということである。

この流れも，AMAの1985年のマーケティングの定義に示されている。つまり，マーケティングの範囲が拡張した，すなわちマーケティングの主体（売り手）が利潤動機で動く営利企業に限定されなくなったのである。公共性をもつ組織も対象になったといいかえてもいいだろう。

コトラーは正統派マーケティングの考え方を拡張する立場であるが，そのほかにも，主流の考え方とは必ずしもいえないが，制度的にマーケティングを考える見方もある。これは，マーケティングというと，個々の企業の問題を扱うものと考えがちなのに対して，ある制度に注目して考えようというものだ。これにさらに公共・福祉という視点が加わって，社会的な立場でマーケティングを考える一派もあった。「あった」と過去形にしたのは，現在ではほとんど存在感がないからだ。最近では制度の問題は，マーケティングより経済学や法学，政治学で扱われることが多くなっている。

そのほか，健康を扱う公衆衛生の領域ではソーシャルマーケティングという考え方が普及してきている。これは医療に関係が深いのであらためて第4章で述べる。

●医療とむすびつくマーケティング

これまで述べてきたように，もともとマーケティングは，製造業者が直接消費者に訴える方法の模索から生まれたという面がある。すなわち，営業戦略の一種であった。つまり，従来のマーケティング活動は，供給者と消費者間の情報の非対称性を利用して行なわれてきたともいえる。情報の非対称とは，商品を提供する側と受けとる側とのあいだの知識や情報の格差が大きいことを指す。医療では，この格差が大きいために患者が不利益を被るという考え方が支配的であった。

しかし，前述したコトラーは，マーケティング活動を，価値を創造し，提供し，ほかの人びとと交換することを通じて，個人やグループが必要とし欲求するものを獲得する社会的・経営的過程と考えた。さらに近年，情報技術の発達による双方向的な環境のもと，むしろ情報の非対称性を減らし，顧客とともに価値をつくりだし，長期の関係を築くことに主眼がおかれるようなっている。そこに，医療とマーケティングがむすびつくポイントがある。

医療マーケティングを，前述のマッカーシーによる「マーケティングの4P」にあてはめて特徴を考えてみると，次のようになる。残念ながら医療は公的な制度設計下にあるので，医療におけるマーケティングにおいては，4Pのうち変数として考えられるものは少ない。

①商品（Product）：たとえば，循環器が専門でカテーテルが得意な医師を招へいする，女性外来を行なうといったことで，ある程度の差別化が可能。

②価格づけ（Price）：公的保険により限定されたなかで多少動かせる。ただし消費者が相対的な判断基準をもてない。

③流通（Place）：最近では，医療機関のM&A（合併・買収）が進んだり，診療所が増加し立地がさらに重要になってきたので，考えられるようになってきている。

④販売促進（Promotion）：生命倫理的制限，医療機関や製薬企業への広告制限があり，むずかしい。

このような状況であるが，広告規制緩和が進んでいるので，とくに④の販売促進に変化が起きると思われる。たとえば，製薬会社が直接患者に訴えるテレビなどのマスメディアを使ったDTC（Direct to Consumer）広告とか，治験被検者募集広告についても，ネット上のリンク先を伝える，コールセンターの電話番号を伝えるといった方法を使うことができる。さらに，マーケティングのポイントを顧客生涯価値[(2)]の増加と考えると，医療・医学知識の増加につながるマスマーケティングの重要性は医療の場合には高いといえる。

また，インターネットは非常に重要な意味をもつ。これについては第5章であらためて述べる。

●ブランド戦略が重要になった

最後に，今流行りのブランドについて述べよう。ブランド戦略は，今やマーケティングの世界では非常に重要な研究テーマになっている。しかしながら，医療の世界ではブランドに対する認識はきわめて薄い。

経営学者の野中ら（1996）によれば，ブランドとは，ある製品やサービス，それらを提供する知識について顧客と企業が共有する知識であるという。この視点からは，医療や医薬品においてもブランドは非常に重要なものなのである。ブランドは当該企業や製品に対する忠誠心を高め，囲い込みが成功するための鍵にもなる。

コーポレートブランド戦略の傾向が一足早く広まった米国では，企業株式の時価総額のうちブランドなどを含めた無形資産が7割を占めるという。

身近な例では，時計メーカーのスウォッチとセイコーでは，価値において大きな差がついている。この差が何を意味するのか。これらを説明する根拠の一つがブランドになろう。

製薬企業においては従来，ブランドというものについての認識が乏しかった。この傾向は国内メーカーに顕著である。また，認識があったとしても，プロモーション対象が医師であったために，コーポレートブランドより製品ブランドに重きがおかれていた。

最近のブランド研究では，コーポレートブランドは社員の意識の求心力にもなる。純粋な製薬企業ではないが，この視点からは，ジョンソン・エンド・ジョンソンのクレド（わが信条）の徹底なども参考になる。

（1）ノーベル経済学賞は，厳密にはノーベルが始めたノーベル賞とは異なり，賞金はノーベル財団ではなく，スウェーデン国立銀行（中央銀行）から贈られる。

（2）顧客生産価値という考え方には，企業側からみて消費してくれるという観点と，顧客側の立場としての価値の2種類がある。

第2章

医療にマーケティングがなぜ必要なのか

第1章で眺めてきたように，医療がサービス業であること，マーケティングという学問・手法の最近の考え方が変わってきたことにより，マーケティング思考は十分に医療に適用できるようになった。それどころか，医療機関で働く人にはマーケティング思考が必須であると思う。本章ではその点についてくわしく考えたい。

今まで，医療にマーケティングなんて必要ないと思われていたのは事実である。誤解というからには，誰かが誤解させたのであろう。この誤解を招いた原因について，医療の特徴を考えながら検討してみよう。

●医療は産業か

実は，医療には面白い特徴がたくさんある。医療をマーケティングとの関連で考える前にもっと基本的なところ，たとえば医療って産業なのか，医療ってサービス業なのか，という問題をまず考えてみたい。

なぜこんなに回りくどい話から始めるかというと，多くの医療関係者は医療は特別だと思っているからだ。かつて小泉純一郎元首相が掲げた「聖域なき構造改革」でも，医療はその「聖域」のなかに入っていた。だからまず，なぜ医療は特別だと思われているのかを説明していかなければならない。そして，医療もほかの財と同じように特別なところはあるけれど，聖域ではないということを確認しようと思う。

まず，医療は産業なのかを考えてみたい。産業というとまず思い出すのが，第一次産業，第二次産業，第三次産業という分類だ。

コーリン・クラークは1940年に著書『経済進歩の諸条件』のなかで，生産という観点から産業を次の三つに分類している。

第一次産業：素材を収集する（農林業，水産業など）

第二次産業：素材を加工する（製造業，建設業など）

第三次産業：残余の部分（商業，運輸業など）

この分類では，医療どころか，そもそもサービス産業は残余として取り扱われている。これはサービス産業の規模が小さかったとはいえ，サービス産業が軽視されていたことの表れであろう。またマルクスの労働価値説においても，サービスは社会の基本的生活に対して相対的に低い貢献しか果たさないという理由からか，軽視されている。

この分類からも明らかなように，当初，第三次産業はきわめて小さく，したがって位置づけも低かった。しかし，現在では第三次産業こそが先進諸国の中心産業になっている。図２－１に日本での産業別就労者の変化を示す。第三次産業の従事者が増加していることがみてとれよう。実際，日本，欧州，北米，オセアニア諸国の傾向をデータでみると，いわゆる第三次産業の割合が約７～８割に及んでいる。一方で，タイ，インドネシア，フィリピンなどでは，第一次産業である「農林・漁業」の割合が４割前後となっている（労働政策研究・研修機構，2011）。

また図２－２に示すように，医療や高齢者関連サービスにおいては今後の雇用創出が期待されている。

日本では日本標準産業分類が使われているが，第三次産業は軽視されている。ここでも医療はサービス産業に含まれていることはいうまでもない。

最近（といってもかなり前だが）では，この分け方ではあまりにおかしいということで，医療経済学でも有名なビクター・フュックス（1974）が第三

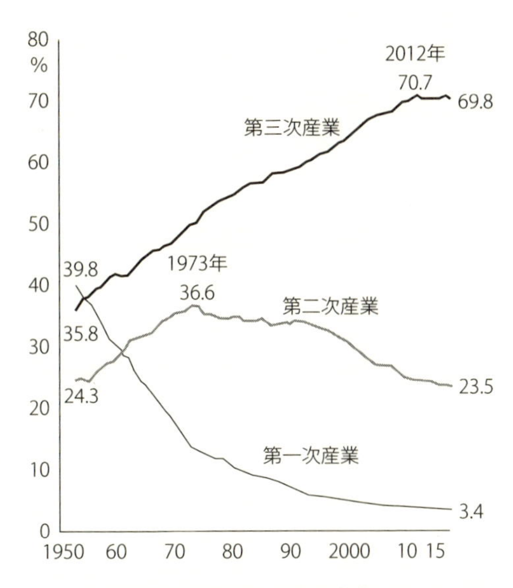

図２－１　日本の産業別就業者構成比の変化（総務省統計局，2017）

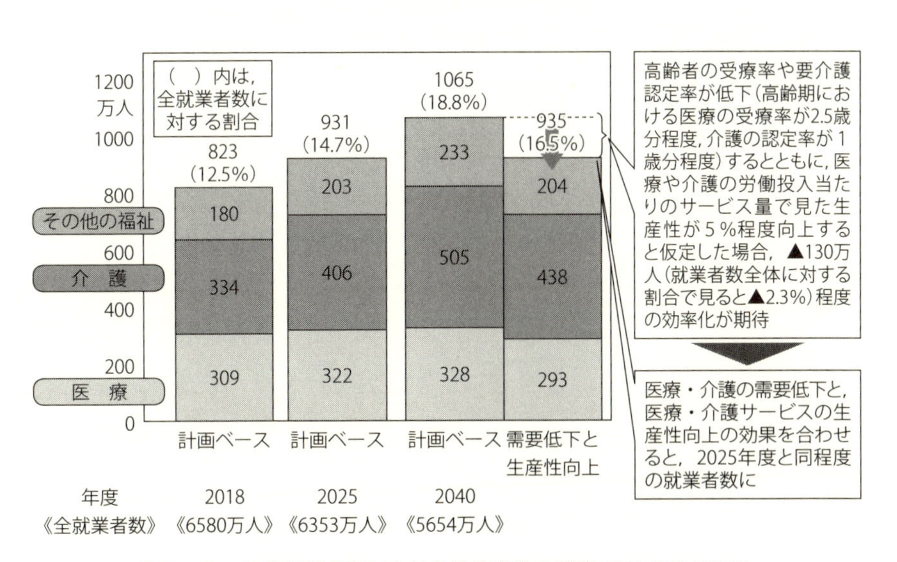

図２－２　医療福祉分野における就業者数の推移（厚生労働省資料）

次産業を残余の部分としてとらえるのではなく，財貨を生産する財貨産業と，非財貨のサービスの生産・供与を行なうサービス産業に区分する二分法を提示しているが，少なくとも日本ではあまり普及しているとはいいがたい。

これらの分類でみるかぎり，医療は第三次産業以外に入る場所はない。つまり低くみられていたはずだ。しかしながら医療は，逆に聖域化されていた。その理由は何であろうか。もちろん，医療は産業でない，つまりこの３分類に入らないという立場もある。現在の日本では経済産業省は医療を産業とみなしているが，そうでない立場もある。特許の世界はそうだ。医療の技術に関係する，たとえば患者の診断方法や手術方法では特許をとることができない。これはやはり医療が，病気を治したり，命を救ったりする特殊なものだという認識からきている。つまり，ある手術の方法で，もし特許がとられていると，その特許をもっていない別の医師は，特許料を払わないと同じ手術方法が使えないということになる。それは困る，というのが，この考え方だ。

しかし，この考え方は特殊な，特許などの場合にのみ適用されるものになりつつある。医療機関に勤めている職員は給与をもらって雇用関係が成立している。ボランティアではない。また周知のように，バイオテクノロジーのような生命科学が21世紀の産業だといわれており，日本全体の経済成長にプラスの効果を及ぼすであろう。このような視点から，医療も産業とみなされているのだ。しかし，この動きについていけないのが医療従事者の問題の一つではないだろうか。

●医療はサービスか

次に問題になるのは，医療がサービスかどうかということだ。まず，サービスとは何かを考えよう。経済学や経営学の世界では，サービス概念を次のように哲学的に定義している。

「経済主体は，欲求充足のために広い意味で生産活動に関与している。当該経済主体がこのような活動をみずから行なうのではなく，市場取引を通じて，他の経済主体にゆだねるとき，サービスの給付を受けたことになる。すなわち，サービスとは，ある経済主体が他の経済主体の欲求を充足させるために，市場取引を通じて，他の経済主体そのものの位相，ないしは，他の経済主体が使用・消費するものの位相を変化させる活動そのものである」（上原，1999）

ほかに，山本（1999）は，効用を発する源が物質財か非物質財か，効用を発する源に所有権の移転があるかないか，で分類した。サービスは，効用を発する源が非物質財で，効用を発する源に所有権の移転がないものに属する。

結局，サービスの授受は行為の授受であるがゆえに，生産と消費が一体化しており，さらに売り手から買い手への所有権の移転がなく，売り手と買い手のあいだに相互制御関係が生じる，いいかえれば交換プロセスを考慮しなければならない点にサービスの特徴があるという。この定義は医療に当てはまるような気がするが，もう少しくわしく考えてみよう。

清水（1978）は，サービスといわれる概念を4系統に分けている。

①精神的サービス：サービスを提供するうえで基本となる精神的なあり方。

②態度的（環境的）サービス：店舗施設，陳列装飾，照明，冷暖房，BGMなどの物的環境因子群および接客員の表情，表現，身だしなみ，動作などの人的環境因子群により構成される購買環境条件。

③業務的（機能的）サービス：それ自身が一つの仕事として成立し，経済価値（交換価値）を有し，支払いを前提とした購入の対象となる。

④犠牲的サービス：特定の有形物もしくは無形物の低価格あるいは無料の提供を内容とした企業の犠牲的行為としてのサービス。これは企業の営業政策としてとらえられるものであり，本来のサービスの概念には含まれない。

さらにサービスには，モノとの比較において次のような属性的特質が見出せるとコトラー（2001）はいう。

①無形性（intangibility）：サービスが無形財といわれるゆえんであり，購入前に見ること，触れること，味わうこと，聞くことなどが不可能であること，つまりサービスのもつ非物質性ともいえる。

②不可分性（inseparability）：サービスは，生産と消費が同時に行なわれるので，サービス提供者と需要者は不可分な関係にある。

③多様性（variability）もしくは変異性（heterogeneity）：サービスは，

提供者，提供時期，提供場所などによって品質が変動するものである。

④消滅性（perishability）：サービスは，提供時点で消滅する。したがって，貯蔵して次の時点に提供することは不可能である。

二次元アプローチは，サービスとモノを区別・対比する考え方である。いいかえればサービスを無形財として，有形財であるモノと比較するという考え方である。このアプローチで考えると，サービスとモノの区別は次のようになる。

①物質性・非物質性：サービスは非物質性をもつ。

②生産と消費の分離性：モノはその生産と消費において場所・時間的に分離しているが，サービスは不可分である。すなわちサービスの消費者は，サービスが提供されるときにその場所にいなければならない。

③生産への消費者の参加性：サービスは，その提供者と受け手のあいだのコミュニケーションや人間関係によって異なった成果（たとえば満足度）をもたらす。

④一過性と非一過性：モノを購入した場合には，購入した商品を何回も消費（使用）できるので非一過性の特徴をもつ。サービスは消費後に残存しない。

⑤規格化・基準化：モノに比して無形財であるサービスは生産・流通過程での品質管理を行ないにくく，規格化・標準化がむずかしい。

⑥所有権の移転：サービスは使用権の移転をともなうのみであるが，モノは所有権が移転する。

どの考え方でも，やはり医療はサービスに当てはまりそうだ。もちろん，ここでも先ほどの話と同様に，聖域である「医療はまったく違うものだ」という理屈を述べる人もいるとは思う。しかし，医療はここに述べた基準のすべてを満たしていることもまた事実である。

さて，ここまでの話で医療はサービスであるということにほぼ納得してもらえたと思う。サービスとして医療をみたときに起きてくる代表的な不満は，「３時間待ちの３分診療」「医師の対応が悪い」「説明が足りない」「食事提供時間の融通がきかない」「食事のメニューが選択できない」といったものであろう。ジャーナリスティックにいえば「サービス精神の欠如」という批判である。実は，日本での医療に対する批判の多くは，このサービスに対する批判なのだ。医療者からはそうではないという意見もあろうが，「はじめに」で取り上げたように，患者あるいは生活者との間に食い違いがあるのである。

●医療サービスは特殊ではない

マーケティング研究の一方には，商品を分類する研究アプローチがある。すなわち商品を最寄り品，買回り品，専門品に分類する考え方である。これは消費者の行動に基づいたもので，おもに形のある財つまり有形財についての考え方であり，前節の考え方とは大きく異なる。たとえば，サービスについての「一過性」という性質から，ある店でのサービスをほかの店でのサービスと比較することは困難であるから，買回り品と最寄り品の区別はむずかしい。

こうした批判から，サービス財については，探索財と経験財，信頼財という分類アプローチが提唱されている（図２－３）。すなわち，顧客はレストランで食事をしてみなければ，サービスの質を評価できない。これは経験財である。一方，広告やインターネットで情報を見て，購買前に商品の属性を顧客が把握しやすい，という特性をもった財が探索財である。したがって，商品の最寄り，買回りを区別するのは，商品の属性をどの程度購買前に把握できるかという点になる。さらに信頼財とは，消費者が経験してもその真価を評価できない財のことである。自動車の修理はこの信頼財にあたる。たしかに，消費者は自動車がどのように修理されたのかまったくわからない。医療も同じである。

結局，医療は，産業分野でもサービス産業に分類されているし，いくつかの分類によるサービスの特徴は，そのまま医療分野に適用可能である。したがって医療はサービス財であるという指摘は正しい。

次に，「機能」を売るサービス業としての視点であるが，この点は医療サービスにおいてもきわめて重要である。医療機関では，医師が無形のサービスを提供するだけでなく，医薬品などのモノを患者に提供してそれらの機能

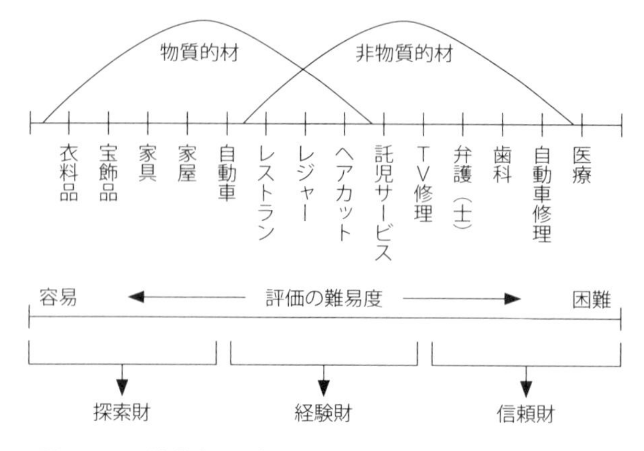

図２－３　消費者の評価による商品の分類（Zeithaml, 1981）

を交換する側面ももっているからである。医薬品自体はモノであるが，この医薬品の交換という部分でも，医薬品をモノとしてとらえる視点より信頼財としてとらえる視点が強くなる。これも，医療の特徴ではある。ふつう，モノは信頼財になりにくいからだ。テレビの購入の場合には，たしかに映像は経験しないとわからないが，テレビ自体の品質は経験しなくてもわかることはいうまでもない。

ここで，医療サービスを一般のサービス財と同じものと考えてよいのか，特殊なサービス財なのかを判断することが重要である。前述したように，医療は信頼財というカテゴリーに入る。信頼財は数が少なく消費者にはわかりにくいが，程度の違いはあれ，この分野に属するサービスは存在する。たとえば自動車修理がそうだ。したがって信頼財か否かという点では，医療サービスを特殊な財であるとみなすのは困難である。

医療サービスの本質について結論を出すと，医療サービスは経験をしても真の価値がわかりにくい信頼財であった。提供されるサービスの多様さが価値のわかりにくさを増強していたが，信頼財としての位置は同じである。すなわち医療サービスは特殊な財ではなかった。そして，最近の疾病構造の変化により，一部のサービスについては経験財・探索財に移行している。これは，消費者にとって医療がわかりやすくなったことを示す。

もっと具体的に医療現場に即して考えると，図２－４のようなイメージに

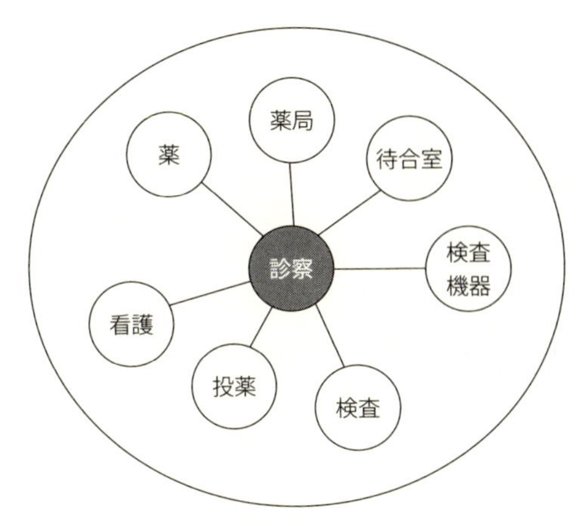

図２－４　医療サービスの概念図（Shostack，1977より筆者作成）

なる。この図から，医療というものが多くのサービスから成り立っているということがみてとれよう。診察という医療行為を中心にして，ソフト部分とハード部分がある。白丸に属するものはソフト部分で無形であるが，アミをかけた部分は有形のものが提供される部分である。この違いを認識することが必要だ。たとえば，待合室にはホテル的なサービス感覚が必要であろうし，検査中は安心を中心にしたサービスが必要になり，薬の部分には利便性を重視したサービスが必要になろう。

●信頼財ではなくなりつつある医療

「はじめに」でも触れたが，医療関係者が気づいていないところに患者の不満が起こる要因があると考えられている。その理由を具体的に一つあげれば，疾病構造の変化である。過去の医療では感染症が中心であったことに注目されたい。すなわち治癒するかしないかという評価が，自動車の修理の場合と同じように，患者にとって可能であったわけである。

評価について医師にとって幸いだったことは，抗生物質によってかなりの確率で治癒が期待される感染症という疾病が中心であったことである。それに比べれば，近年問題になっている生活習慣病については，そのような重要で患者にもわかりやすい指標はない。たとえば血糖値が低下したとか，血圧が下がったとかいう指標のみである。たしかに，実際に血糖値や血圧は下がったりするが，重要なことはその変化の後に起きる大きな疾病，たとえば脳出血の予防である。

すなわち，これらの医療サービスについては，結論がいきなり出るわけではなく過程が重視されるという意味で，信頼財的ではなく，周辺サービスが重視される。疾病構造の変化は，扱う商品の変化でもある。この構図は，医療の一部が信頼財から経験財あるいは探索財に変わっていく過程ともいえる。ここを認識することが，医療側にとっても消費者（患者）にとっても重要だと筆者は考える。

消費者（患者）にとって重要なことは，医療サービスという財を信頼財，経験財，あるいは探索財に区別することである。なぜなら，インターネットの普及により医療情報が氾濫している現在の状況は，一般のサービスあるいはモノを購入する場合には消費者にとって大いに有益であるが，医療サービスのうち経験財あるいは信頼財であるものについては，情報量の多さはむしろ消費行動に悪影響を及ぼすからである。これはたとえば，効果が少なく，副作用のある健康食品を探索財であると勘違いして購入した場合を考えてみれば明らかである。つまり，情報を見ただけでその商品を購入した消費者は経験によってその真の効果を知るのだが，そのときには有害な副作用はすでに実現してしまっているわけである。

逆にこの経験財という視点で考えると，セカンドオピニオンや過度なドクターショッピングなど，探索財では有益な情報収集をすることや買回り行為が効果的なものであるかは疑わしい。

●マーケティング思考の重要性

これまで考察してきたように，サービスという財の性質を考えてみても，マーケティング思考は医療にも重要であるといえる。

さらに，医療を「健康」や「治療」という製品を生産するものと考えてみよう。製品生産者つまり医療提供者の側からみると，ニーズとシーズ[(1)]の出会いには，以下のようにいくつかの分類がある。

〈分類Ａ〉
①モノ型：ニーズを消費者が了解している場合
②芸術型：消費者のニーズがあいまい，生産者もゴールがあいまい
〈分類Ｂ〉
①調査型：調査をしてニーズを探る
②探索型：企業が消費者より一歩進んで新しいアイデアを提案，既存業者間の余白をいかに埋めるか

医療をこの分類に当てはめるとどうなるだろうか。

〈分類Ａ〉では②の芸術型になる。これは考えてみれば明らかだ。医療のニーズを消費者が100％わかることは少ないからである。もちろん最終的な目標として「がんを治したい」などの大きなゴールは消費者にもわかる。しかし，ゴールにたどり着く経過についての知識はあいまいである。その意味で，「おいしいものを食べたい」というニーズとは明らかに異なる。これを，経済学でいう「情報の非対称性」に含めてもよいと思う。ここで注意してほしいのは，芸術型では，実は生産者も厳密なゴールがあいまいだという点だ。たとえば，絵を描く場合を考えてみよう。絵ができることはたしかだが，どんな絵ができるか，最初からはわからない。これと一緒だ。

こんな話をすると，絵と医療を一緒にするなんてけしからん，という声が聞こえてきそうだ。もちろん，絵と医療が一緒になるわけがない。ただ，考え方として，医師も治療の結果がどうなるかがわからないのが医療である，ということを，消費者（患者）も理解しないといけないと思う。

しかし，このことを理解するのはかなりたいへんなことだ。医学者のレネー・フォックス（2003）は，医学教育の分野で考え出された不確実性の概念を医療問題にも適応した。どういうことかというと，医学生は膨大な医学知識を前にして「個人の学問の限界」と「医学そのものの限界」を初めは混同するが，しだいに区別して考えられるようになっていくという考え方だ。つまり「医学には限界がある」のだ。

フォックスはさらに，「医師にとっても患者にとっても痛烈なパラドックスは，この20世紀の医科学と技術の偉大なる進歩が，健康や病気，生命と死についていかにわれわれが無知であり，当惑させられ，また誤っているかをいろいろなかたちで明らかにするのに役立っているということであり，しかも現にそうであるという事実である」と述べている。

この不確実性は，医学の対象が19世紀的な疾患である感染症から，慢性の生活習慣病に移ったことでも助長されている。つまり，医師が一元的な病因を除去すれば治癒させることができた疾患から，多因子で，患者とのいわば共同作業で病気と付き合っていくという考え方の疾患に変わった。これは，科学的に原因が一つであるという要素還元主義では問題が解決できず，不確実性が増すことを意味する。東大の名医といわれた教授でも，誤診が多くあったことを述べている。この意味は，もちろん医療ミスをしたということではない。それだけ人体や病気についてわかっていないことが多いことを示している。

さらに，医療は前記の〈分類Ｂ〉では②の探索型になる。医学の世界では情報の非対称性がある。だから，消費者は医師の指導にある程度従わざるをえない。したがって，逆に，生産者である医師の側からニーズの提案を行なうことが容易になる。

しかし，医療の世界では，こういった考え方はパターナリズム（父権主義）として批判されている。なぜだろうか。やはり過程に満足感をもってもらえないことに原因があると思われる。ここでも過程あるいは経過に注目するマーケティング思考が重要であることがわかってもらえると思う。

●消費者のニーズをどう解釈するか

消費者である患者にはニーズがあるはずだ。マーケティングではそれを浮き彫りにする商品分類がある。

ニーズに対応した商品は，次の三つに分けられる。

①変化ギャップ対応型――Ａ：生活形態の変化に対応，Ｂ：生活意識の変化に対応

②消費者横断型——A：他商品機能移植型，B：技術・素材移転型，C：他のユーザーニーズの移転，D：無視された機能の見直し

③シーズからの開発（必ずしも消費者の状況からではなく，研究者からの発想による開発）

①は医薬品の世界では，脱毛症対応のリアップなどのQOL（Quality of Life）対応型製品が代表だ。このようなものは従来，医薬品とはなかなか考えられてこなかった。②はバイアグラ（もともとは狭心症の薬として開発），ロゲイン（もともとは高血圧治療薬）がそれにあたる。

これまで医療（とくに医薬品）の世界では，③のシーズからの開発がほとんどであった。しかし，今後は，ニーズから開発された製品が求められる時代になる。その意味では，つねに患者と向き合っている医師や看護師など医療従事者がよい製品アイデアを出す可能性も高い。

マーケティングでは，サービスの属性を本質と表層に分けている。そしてそれぞれが顧客満足に異なる影響を与える。つまり本質サービスが不満に，表層サービスは満足上昇に深くかかわる。

また，顧客の満足は，消費者の購買前の期待と，購入後の客観的評価によってその水準が決まる。以上のことから，顧客満足というのは企業側の視点であるのに対し，ニーズは消費者側の視点からみた「人間の感じる欠乏状態」であり，生理的な背景をもつ。ウォンツが消費者側からみた「ニーズの表現」であり社会的文化的な背景をもつものであることを考えると，消費者側のウォンツに対する企業側の概念が顧客満足になる。顧客満足論の長所は，企業の対応，たとえば高い企業イメージにより顧客が企業に対して同一視を起こすなどという，企業の戦略に重要な視点を与える点である。一方短所は，抽象的すぎることであろう。

さらに顧客満足を上げるためには，医療従事者がマーケティング思考をもつことも必須といえる。このことについては，第11章でくわしく述べよう。

ただし，医師や会計士といった職業の場合には，顧客が満足すればよいのか，という問題がある。会計士でいえば，顧客だったとしても厳正に監査を行わねばならない。必ずしも顧客の望むことと，会計士の倫理は相容れない。医師でも同じことが起きる。手術のように非常に苦痛をともなう，しかし改

サービスを購入するときに需要者が負担する総コストの考え方

需要者の総負担コスト ＝ サービス料金 ＋ 利用コスト

そして「利用コスト」は次のように分解できる

利用コスト ＝ 交通費 ＋ 機会費用※ × 利用に要する時間

※この場合は，消費者（患者）がほかに行なえることがあって，それを行なうことによって得られる収入を指す。

図２－５　サービスの利用コスト（井原，1999）

善が確実な治療については，手術を行なえば顧客満足度は一時的に下がるかもしれない。それでも，手術をすることが正しいといえよう。そしてその結果，長期の顧客満足が達成されるかもしれない。

●医療には利用コストがかかる

マーケティングは問題の分析が得意だ。買い物をする場合を考えよう。なぜ人は，八百屋ではなくてスーパーマーケットに行くのだろうか。八百屋では野菜しか買えないが，スーパーマーケットでは，ほかのものも一緒に購入できるから，多少遠くても便利なのでそちらを利用する。こういった概念をワンストップショッピングという。また，もし買うものが野菜だけであったとしても，ついでに何か必要なものを思い出すかもしれない，と考えてスーパーマーケットに行く場合もあるであろう。どちらの場合にも，基準は「距離」である。サービスの場合には，「時間」と「場所」の要素が加わり，そのサービス利用にコストがかかる（図２－５）。医療の場合もまったく同じことである。

医療の場合には，何が必要なのかわからない。そんなときには八百屋には行かない，という考え方があろう。ただ，逆もいえる。医療の場合には何が必要かがわからないから，近くの八百屋ですませる，いやすませたい，という気持ちもあるはずだ。これはコンビニを選ぶのと近い心理である。ここでのポイントは，近さだけではない。品ぞろえも重要になる。ただし，医療の場合には品ぞろえがわからない。だからここで重要なのは信頼，あるいは関係になる。それが構築できれば，距離が近いという理由で，皆がかかりつけ医を受診するはずなのだ。

●医療の価格はどう考えるか

もう一つ，マーケティングが得意なのは価格の分析である。近年，医療の効率化がいわれるが，この効率化というものは，製造業とサービス業ではまったく異なる。

一般的に，サービス業は，製造業に比して効率化がむずかしいといわれる。それはなぜか。医療をサービス業と考えて分析してみると多くのことがわかる。たとえば，思ったような医療を受けることができない，という不満をよく聞く。

ただ，気をつけてほしい。商品はお金があれば買うことができるが，サービス商品はお金があっても買うことのできないものが多い。たとえば，「高級フランス料理店で予約が半年後まで一杯」なんてことはよくある。でも，「高級自動車が半年後まで入手できない」ということはめったにない。つまり，サービス業の対応は需要次第のところがあり，その需要を平準化することがむずかしいというのがサービス業の特徴なのだ。実際，半年後まで予約が一杯だったフランス料理店も，あっという間に人気離散ということも多い。これは医療でもまったく同じだ。だいたい，この本を書いている私にしたって，いつ来るかわからない患者のために，病院の当直室に待機していることもある。日によって多くの患者が来ることもあり，まったく来ないこともある。これはサービス業の宿命なのだ。まあ，その日暮らしといえる。

ただ，サービス業のよいところもある。それは在庫をもつ必要がないことだ。だから過剰な在庫を抱えることが少ない。しかし，医療機関の場合にはそれが裏目に出ている。なぜなら，医療に多く使う薬剤や医療材料には当然，在庫が発生する。しかしながら，その日暮らしの医療機関の経営者である医師には，在庫の管理という発想がない。こんなところは効率化ができる部分だ。実際，カンバン方式やジャストインタイムで有名なトヨタが経営するトヨタ記念病院では，在庫管理にトヨタの方式を取り入れているという。

ただ，大きな問題として，医療機関は在庫を切らすことができない。こんなところは電力と似ている。東日本大震災にともなう福島第一原発の事故では，電力の在庫が切れたらたいへんなことになってしまうことが明らかになった。医療の場合にはどうなるか。まず，少なくとも医療機関は薬剤の在庫がないからといって患者を断ることはできない。というか，そもそも医者が患者をみないと，どんな薬剤，用具が必要かもわからない。人気のあるラーメン屋のように，麺がなくなったから本日はおしまい，というわけにはいかない。

実はこのあたりが，医薬品卸が苦労する部分なのだが，それはさておき，医療機関はつねに患者に対応できる準備をしておかなければならないのだ。これは経営にとって，とくに効率的な経営にとってはきわめてよろしくない。

電力産業が地域独占を認められているのは，規模が大きくなればなるほど費用が減少するタイプの費用逓減産業(2)であるというだけでなく，つねに最大限の在庫を抱えていなければならず，その費用を考慮すると競争による効率化は好ましくないから，という考えがある。

医療機関も公的な価格づけがなされているではないか，という指摘もあろう。しかし，医療従事者にとっては残念ながら，日本の医療費は国際的にみても安く，電気代とは逆なのだ。

ただこの公定価格にはもう一つのポイントがある。

よく考えてもらいたい。医療は製造業ではない。一般に製造業では，技術進歩にともなって価格は安くなる。効率的な生産ができるようになるからだ。第1章でも触れたように，その昔，戦略コンサルティング企業のBCGは，経験曲線という概念を提唱した。つまり，経験によって効率が上がるというのだ。もちろん，医療でも定型化された部分には経験曲線の概念は当てはまる。しかし，そうでない部分が多いのも，また医療の特徴なのである。

自由価格であるほかのサービス業はどうやって合理的で弾力的な価格をつけているのか。たとえば，映画館にみられるように，客が少ない平日は安い料金にしたり，レディースデーを設けて女性に割り引きしたりしている。これは需要を平準化するための合理的な価格づけの方法である。しかし，もし医療が自由価格で，合理的かつ効率的な価格づけになると，夜間の医療はとてつもなく高くついてしまう可能性があるのだ。このように医療分野は通常のサービス財と異なる部分があるために，マーケティング思考が必要ない，あるいは適用できないと思われてきた。しかし，分析してみるとそうではないことがわかってもらえたと思う。

（1）シーズ型のアイデアとは，研究者などが自分たちの強みを何かに利用できないかという発想である。

（2）経済学によると，費用逓減産業では「市場が失敗」することがあり，政府の介入が望まれる。

第３章
サービスマーケティングの考え方

●サービスマーケティングの考え方

マーケティングという分野は経営学のなかで重要な位置を占めているのだが，医療のようなサービス分野におけるマーケティングというのはかなり新しい学問になる。この分野をサービスマーケティングという。

サービスにおけるマーケティングは通常のモノを扱うマーケティングとどこが違うのか。第２章では，おもに経済学的にサービスをとらえた。今度はそれをマーケティングの視点でとらえなおしてみよう。

第２章で取り上げた有形性と無形性の考え方にみられるように，経済学ではサービスの特徴を形態学的にとらえてきた。そこでも少し触れたが，実はモノとサービスを厳密に区別することはむずかしい，ということから始めたい。つまりサービスとはいえ，実際にはモノの交換を行なっている場合が多いという点が重要だ。これはたとえば，レストランで料理というモノが動くことからも想像できると思う。

もう一つのポイントは，われわれはある結果を，モノの購入によってもサービスの利用によっても得られる場合がある，ということだ。たとえば，場所を移動する場合には，みずから車を運転することもできるし，タクシーのサービスを利用することもできる。もう一つ押さえておきたいことは，サービスとは「個人や組織を対象にした価値生産的な活動である」ことだ。サービスは活動なのである。

こういったことから，サービスマーケティングでは，サービス商品にはモノ製品と比べて①無形性，②生産と消費の同時性，③結果と過程の等価的重要性，④顧客との共同生産の四つの特徴があるとされる（近藤，1999）。

①はわかると思うので省略する。②はどういうことであろうか。サービスが活動であることを考えると納得いくと思う。たとえば，タクシーに乗って移動する場合には，タクシー会社のサービス事業と顧客のサービス消費は同時に行なわれている。③は過程が重要だということだ。医療の場合でも，感染症が中心の昔ならいざ知らず，最近の慢性疾患の場合には，治る（というか治療の）過程での対応が悪いと，評判はすぐに下がってしまう。これについてはさらに後述したい。④は，医療の場合に想像することはむずかしいが，前述した価値生産の場合に，たとえば海外旅行などが参加者によって（参加者からの付加価値の追加によって）楽しさが増すことなどを考えてほしい。

さらに，マーケティングでは，サービスを「ヒト，モノ，システムが有用な機能を果たすその働き」とみる考え方がある。図３－１に，ショスタックによる無形性と有形性からみた商品の特質をあげた。ここが医療の複雑な部分であるが，医療の場合にはこの図中でさまざまなパターンをとる。たとえば，手術が中心の場合には無形部分が大きくなる。内科の場合には，薬剤を治療手段として多く使えば，「化粧品」のようなコンサルト機能と有形財の合わさったものになる。相談などの機能が中心であれば，「コンサルタント」の位置になる。

近藤はさらに，サービス財とモノについて，その有形性・無形性よりも，所有権の有無を指摘している。たしかに，知的財産権は無形であるがサービスではない。

また，サービスは活動であると先に述べたが，サービスを「市場取引を通じて他者に提供する人間活動そのもの」とし，プロセス概念を強く導入する

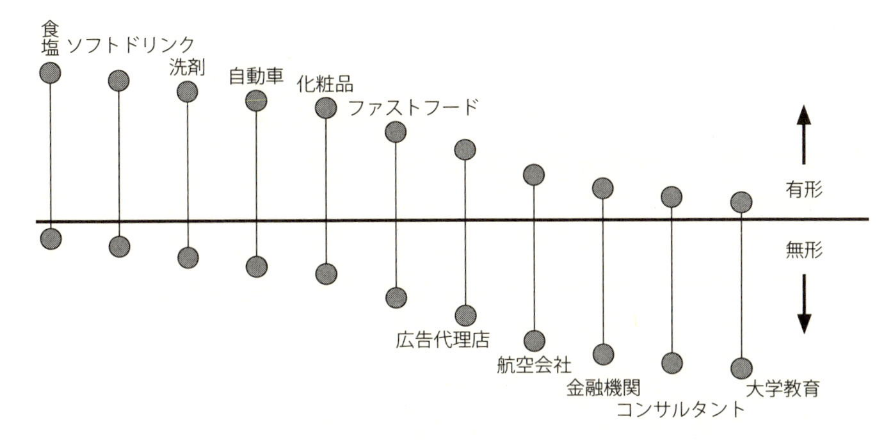

図3－1　商品の特質：有形性—無形性（Shostack，1977を改変）

見方がある。この考え方は，サービスの提供に，相互制御関係を機軸とする協働関係を重視し，「ルール型サービス」と「プロセス型サービス」を識別する。

ファストフード店でみられるサービスは前者であり，理髪や医療でみられるサービスは後者である。すなわち後者の場合には，「相互制御関係の漸次的な発生による協働関係」がみられる。たとえば，理髪の場合には，消費者の意図と理髪師の意図の協働関係により，お互いの満足いく髪型が生まれる。医療サービス提供においても需要を喚起する場がある。

ただし，医療と理髪で異なるのは，医療では協働関係がより提供者中心になる，ということだ。これは，サービスを行動の外注化と考えればさらにわかりやすくなる。すなわち，物財への代替は，医療のほうが理髪よりむずかしく，その意味で協働関係も提供者中心になりがちだ。

●SD ロジックという考え方

旧来の日本では，品質や機能のよいものは（高くても）売れるという考え方，製品中心のグッズ・ドミナント・ロジック（GD ロジック）をもっている人が多かった。しかし，少し様相が変わってきている。それが，サービス・ドミナント・ロジック（SD ロジック）という考え方の普及である。SD ロジックとは，「モノかサービスか」を区別する二分法から出発するのではなく，「モノもサービスも」包括的にとらえ，提供者がいかにして顧客とともに価値を創造できるかという「価値共創」の視点からマーケティングの論理を構築する考え方をいう。

GD ロジックにおいては，顧客は製品やサービスを「購入するもの」としてとらえていたが，SD ロジックにおいては，顧客は製品やサービスを「利用するもの」としてとらえる必要がある。優れた製品やサービスを創り，販売するという交換価値（value in exchange）に注目するのではなく，製品やサービスを顧客が使用する段階における使用価値（value in use）に注目する必要があるということになる。どんなによい製品でも，顧客が利用し価値を認めなければ無価値であり，顧客が利用することによって初めて価値が生まれるという考え方である。この考え方は，本書でも最後に触れる，患者経験の重視につながる。

●サービスマーケティングの7P

そろそろ医療の話に戻りたいので，視点を整理しておきたい。みなさんは「マーケティングミックス」という言葉をご存知であろうか。

マーケティングミックスとは，企業が市場に製品を提供しようとする際に，販売活動について決定しておくべき主要な要素のまとまりのことである。有名なのは，第１章でも紹介したジェローム・マッカーシーの「マーケティングの4P」である。

サービスマーケティングの世界では，4P に「人材」「物的環境要素」「提供過程」を加えて7P として考える（図３－２）。この三つは医療にもよくあてはまり，医療現場でも変数として考えることが可能だ。

「人材」は，従業員の雇用・訓練・動機づけや報酬といった要素，顧客の教育や訓練への参加，さらには従業員に影響を与える企業文化や価値観といったものである。「物的環境要素」としては，建築のデザイン（美しさ，機能，快適性），備品，道具，サイン，従業員の服装やパンフレットなどがあ

P Product 商品	■サービス品質 ■サブ・サービス ■パッケージ ■プロダクト・ライン	■ブランディング
P Place 場所	■立地 ■チャネル・タイプ ■生産・販売拠点 ■交通	■チャネル管理
P Promotion 販売促進	■プロモーション・ブレンド ■販売員 ■広告 ■セールス・プロモーション	■パブリシティ
P Price 価格	■価格水準 ■期間 ■差別化 ■割引	■価格幅
P People 人材	■従業員 雇用・訓練・動機付け・報酬 ■顧客 教育・訓練 ■企業文化・価値観	■従業員調査
P Physical evidence 物的環境要素	■施設デザイン 美的・機能・快適性 ■備品・道具 ■サイン　■従業員の服装	■他の有形物 レポート・カード・パンフ
P Process 提供過程	■活動のフロー 標準化・個客化 ■手順の数 単純・複雑	■顧客参加の程度

図3－2　サービスマーケティングミックス（近藤，1999）

る。最後の「提供過程」としては，活動のプロセス，すなわちどこまで標準化するのか，どこまで個別化するのか，顧客参加をどうするのか，といったことを考慮する。追加されている部分は医療においても十分考えることができる。

いずれにせよ，患者に選ばれる医療サービスしか生き残れない時代を迎えつつある。いいかえれば，「近くにある」という理由以外で選択されねばならない。医療関係者も消費者を知ること，マーケティング，とくにサービス

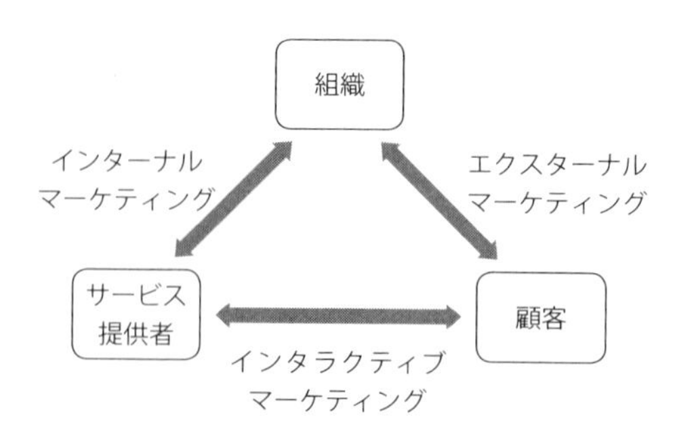

図３－３　サービストライアングル

マーケティング手法を使うことが必要な時代を迎えつつあるといえる。次節からサービスという視点で，マーケティングで重要とされる概念を順番に紹介していこう。

●サービストライアングル

サービストライアングルとは，図３－３に示すように組織，顧客，サービス提供者の三者を頂点とした三角形で，相互のサービス提供関係を表現したものである。この三者のバランスを図ることがサービス提供の重要なポイントになるが，後述するサービスプロフィットチェーンと同様，医療のようにマニュアル化が難しく，プロフェッショナルの裁量が大きいサービスでは，とくに従業員の満足が重要である。

具体的に述べると以下のようになる。

①エクスターナルマーケティング：従来のマーケティング。組織から顧客に対して行なわれる活動である。サービスマーケティングでは4Pがエクスターナルマーケティングに該当する。

②インターナルマーケティング：組織と従業員の関係。顧客満足を提供するため，組織からコンタクトパーソネル（CP）に対して行なわれるマーケティング活動である。エクスターナルマーケティングの前にインターナルマーケティングがある。顧客に対して適切にサービスを提供できるように，提供者である従業員を組織が教育し動機づける。CP に顧客

志向の活動を実践するよう促すことが目的である。これは従業員を顧客と見なしていると考えられる。

③インタラクティブマーケティング：従業員と顧客の関係。顧客と実際に接触する従業員の技術といえる。サービスの品質は提供する従業員（のサービス提供の仕方）に左右される。単に優れたサービスを提供すれば顧客を満足させられるわけではない。

ここで強調されるのがCPの重要さである。医療現場の従業員は医療技術を提供する技術者であると同時にCPであることを忘れてはならない。それは，顧客は物理的商品に満足するだけでなく，CPの提供するサービスも判断するからである。

CPの重要性は顧客に対する人間的接触を通じて評価を受けることから明らかだ。そしてここでの対応によって，前述した不満が減少する。

サービスエンカウンターという用語も覚えておきたい。これはインタラクティブマーケティングを展開する際に生まれるCPと顧客の相互作用のことだ。ここにはコミュニケーションが必要である。

●サービスイノベーション

イノベーションという言葉もよく聞くようになった。日本では，おもに「技術革新」「経営革新」などの意味で経済・経営分野で用いる。イノベーション研究の始祖となったヨーゼフ・シュムペーターがその著書である『経済発展の理論』で1912年（邦訳は1977年）にこの言葉を用いて以来有名になった。当初は，日本では「技術革新」と訳されることが多く，おもに理工系の技術開発の分野で使われてきたが，最近は，シュムペーターへの原点回帰で，生産技術の革新のみならず，経済成長の原動力となる革新，資源の開発，新消費財の導入，特定産業の再組織などを指すきわめて広義な概念として考えられている。

最近では，第三次産業であるサービス分野の重要性がいわれるにつれて，サービス分野でもこのイノベーションという言葉が使われるようになった。

経営学の泰斗であるドラッカーもイノベーションに強く関心をもっていた。

たとえば『チェンジ・リーダーの条件』(2000) では，次のように述べている。

①イノベーションとは単なる技術革新を指すのではなく，「もうかっていない活動を，もうかる活動につくり変えること」。

②イノベーションとは，「ものの考え方や仕事の方法を変えることによってお客様の価値観を変化させ，お客様を喜ばせて自分ももうけること」をいい，①と同じく「時代遅れになったり，生産性が低いためにもうからなくなったありとあらゆる活動を，もうかる活動につくり変えること」を根本原理とした。さらに，

③イノベーションとは技術革新のことだけではないから，技術部門だけですむものではなく，すべての部門が取り組むべき活動であり，まさにサービスもその範囲に含まれる。

さらにドラッカーは，『ネクスト・ソサエティ』(2002) では次のような考えを述べている。すなわち，「イノベーションという言葉は日本においてほとんどの人にとって，技術的な革新のことである。ところが今日，とくに日本においてもっとも求められているイノベーションは社会的な革新である。その典型の一つは，いかにして雇用と所得を確保しつつ，転換期に不可欠の労働力市場の流動性を確保するかという問題である。さらには，製造業における雇用の安定性を社会の基盤としてきた国として，富と雇用の源泉としての製造業の地位の変化という世界的な流れに，いかに対処するかという問題である」。

具体的に方法論が確立しているわけではないが，経済産業省を中心に，イノベーション分野の人材育成が行なわれている。

●サービスサイエンス

さらに，サービスサイエンスという概念も提唱されるようになった。サービスサイエンスとは，サービスを科学的に追究・体系化し，生産性の向上をはかろうとする学問分野のことである。IBM が1993年に研究部門として創始した。サービスは従来より経験やセンスなどを中心とした暗黙知として扱

われることが多かったため，生産性の発展が阻まれてきた，という指摘がある。サービスサイエンスは，サービスを一つの学問として研究し，体系化することで，能率的なサービスの向上をめざすものである。

なお，現在は正式な名称が“Services Sciences”から“Services Sciences, Management and Engineering”となっている。

このあたりの取り組みは，必ずしも医療業界とともに行なわれているわけではないが，米国などでは医療分野も含まれており，今後の動きとして紹介した。

ここから，サービスマーケティングの手法をいくつか紹介したい。

●エビデンスマネジメント

顧客満足度重視に対する発想の根本は，受け手は医療の質が判断できないので，自分に理解できる証拠（建物の外観や雰囲気，職員の思いやりなど）から質を判断しようとする，ということである。そこで，なりゆきにまかせず，質がよいことを示す証拠をマネジメントすることが重要になる。

これはエビデンスマネジメント，すなわち自分の能力を具体的に表現する，首尾一貫した，偽りのない，ありのままのエビデンス（証拠）を顧客に提示するという体系的なアプローチと表現される。これは，わかりにくいサービスの質を具体的なモノで示すというサービスマーケティングの考え方に基づいたものといえる。後でもくわしく述べるが，米国の有名な病院であるメイヨークリニックの例をみてみたい。

この考え方に基づいたメイヨークリニックの伝えるべきメッセージは，「患者最優先」である。このメッセージを伝えるために，①職員，②連携医療，③環境について，メイヨークリニックはエビデンスマネジメントに取り組んでいる。

まず，すべての職員に価値観を徹底することが行なわれている。新規職員の採用においても，採用は価値観に合う人という基準で行ない，研修を徹底する。サービスをたたえる各種イベントを行ない，たとえば「思いやり賞」を与えたりする。こういったことは，シンガポールや韓国などほかの医療施設でも行なわれるようになってきて，日本でもそのような賞を設けている施設は増えてきている。

また，連携医療では，医師の連携により総合的なアプローチを提供しようとしている。具体的には，メイヨークリニックのインセンティブ制度は個人の業績よりも，組織としての成果を尊重する。

環境に関しては，目に見えるエビデンスを提示することに主眼を置く。たとえば，施設には心地よい空間，家族用の施設，託児所をつくり，従業員の服装の汚れなども徹底的にチェックする。

ここでの結論は，顧客が判断しにくいモノを提供するならば，伝えたいメッセージを明確に定義し，そのメッセージを裏づけるエビデンスを絶え間なく，一貫してマネジメントする組織であるべきということになる。ヘスケットら（2004）は，サービス企業の能力は以下のような要素から成ると定義している。

①顧客にサービスを提供する際の自由度
②最前線の従業員に許される行動範囲の明確な定義
③すぐれた研修体制
④施設や情報システムなど適切な支援体制
⑤的確な業務遂行に対する評価制度と報奨制度（顧客満足度を部分的にでも基準にすることが望ましい）
⑥厳正な募集・採用制度の確立

●苦情対応

次いで，顧客の苦情への対応が重要になる。米国のジョン・グッドマンが，苦情処理と再購入決定率の相関関係を計量化した結果と口コミの波及効果を測定した結果を，白鴎大学経営学部教授であった故佐藤知恭氏がまとめたジョン・グッドマンの法則というものがある（図３－４）。簡単にいえば，苦情は不満の表れであるため，いかにして苦情に対応するかによってその顧客を維持できるかどうかが決まるということである。さらに，不満を覚えた顧客は否定的な口コミ情報を流す可能性が非常に高いため，苦情を訴える顧客

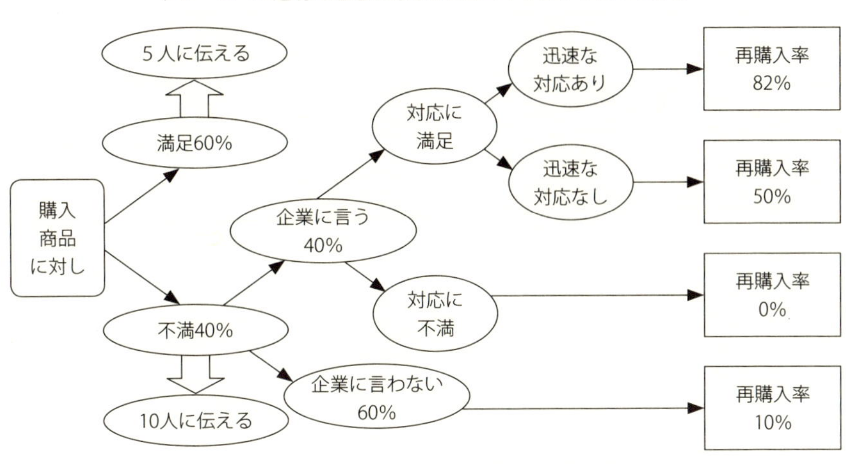

図３－４　ジョン・グッドマンの法則（佐藤知恭氏による）

よりも訴えない顧客のほうが企業の利益に大きな損失をもたらしうるという点にも注意が必要である。

苦情処理を的確に行なうことには，それ以外の目的もある。苦情を言うのはけっこうたいへんなことである。顧客がわざわざ苦情を訴えるのは，サービスの欠陥が自分にとって深刻なものである場合が多いはずだ。したがって苦情からは，顧客にとって何が重要なのか，どのくらいの頻度でサービスに特定の欠陥や不満が生じるかといった貴重な情報が得られる。苦情は，顧客への理解を深め，継続的な改善を可能にする情報源といえよう。

苦情に対する管理者の真摯な対応を見て，顧客満足と顧客維持が会社にとっていかに重要であるかをすべての従業員が認識するようになる，というメリットもある。

また，苦情を訴えた結果，満足するか否かは，おもに苦情処理にかかる時間によって決まるといわれている。

迅速な対応のためには以下の行動が役立つ。

①苦情を予想する

②最前線の従業員に権限を与える（エンパワーメントする）

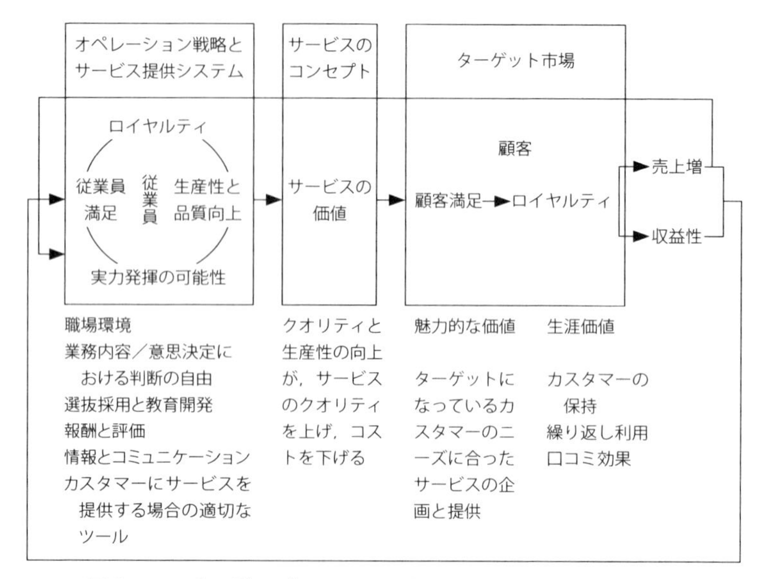

図３－５　サービスプロフィットチェーン（ヘスケットら，1998）

③苦情をたしかに受理した（対応した）ことを顧客に知らせる
④苦情内容を関連部署に伝える
⑤対応する苦情に優先順位をつける

●対人サービス人材の育成

サービス産業は，人材の流動性が高く，また，新たなサービスの提案が頻繁になされることなどから，人材教育の重要性が指摘されている。とくに，サービス産業のイメージ低迷による人材確保の問題を改善するためにも，産業界における人材育成とイメージ向上の取り組みは重要な課題であると指摘されている。

つまり，サービスを担う人材が重要である。たとえば，「サービスプロフィットチェーン」というチャートを紹介しよう（図３－５）。このチャートは，先に触れたヘスケットらによって考案され，顧客・従業員・サービスや商品がどのような関係を構築すれば企業や組織の利益・成長につながるのかを示したモデルである。内部と外部のサービスプロフィットチェーンで得られるものは，下記のとおりである。

（1）内部サービスプロフィットチェーン

①採用・教育・評価・配置といった人事システムの適切な構築により内部サービス品質を向上させる。

②内部サービス品質の向上が従業員満足の増大をもたらし，従業員満足の増大が従業員ロイヤルティ（忠誠心）の向上をもたらす。

③ロイヤルティの高い従業員は，定着率が高まり，高いサービス生産性を発揮するようになり，これがサービス価値（医療の質）の向上をもたらす。

（2）外部サービスプロフィットチェーン

①サービス価値の向上が，顧客満足を増大させ，顧客ロイヤルティ（忠誠心）の獲得につながる。

②ロイヤルティの高い顧客が，サービスを反復購買したり，ほかの顧客へ推奨という行為をしたりすることで，売上げや利益の増加につながる。

③売上げや利益の増加が，内部サービス品質向上のための原資として還元される。

ここで，みなさんが管理者だったら，

従業員に「あなたの家族をうちの病院にかからせますか？」

患者さんに「当院にかかられていかがでしたか？」

と聞けるだろうか，という２点を考えてみてほしい。

第4章
ソーシャルマーケティングの考え方

●注目されるソーシャルマーケティング

「はじめに」でも述べたが，最近ソーシャルマーケティングという考え方や手法が注目されている。ソーシャルマーケティングとは，公共・非営利組織の社会的キャンペーンにマスマーケティング手法を取り入れたもので，社会問題の解決法として，あるいは，生活者や行政，企業が一緒になって公共の福祉を実現する手法として注目されている。公衆衛生の分野では，家族計画，性行為による感染症，エイズ，禁煙，生活習慣病対策，アルコール依存抑止などにこの手法が適用可能である。

コトラー（1995）は，「ソーシャルマーケティングとは，人びとの考えや習慣を変革するプログラムを企画し，実施し，管理するためのマネジメント技術であり，伝統的な企業マーケティングからのパラダイム変換をめざすもの」と考えている。

ここで，ソーシャルマーケティングが消費者の行動変容につながる手法であることが重要である。その例として，公共広告を考えよう。

公共広告は，1960年代後半から米国を中心にヨーロッパの各国でもみられるようになっている。エイズや麻薬，禁煙，がんの広告などが行なわれている。最近では，動物愛護団体やグリーンピースによる広告にまでテーマは広がっている。ユニセフ（国際連合児童基金）といった非営利組織も積極的に広告を行ない，ブランドの確立に努めている。ブランドで寄付が集まるのだ。

もう少しくわしく，ソーシャルマーケティングについて考えよう。サービスマーケティングで4P を基点に7P（第３章参照）が提唱されたのと同じく，ソーシャルマーケティングでは次のような6P が提案される。

①プロダクツ（Products）：政府や公共事業体が対象者に提供する製品で，物質的なものに限らずサービスの質，特性，パッケージ，ブランドや安心を含む保証などといった社会的生産物のこと。ここで市場の適合性の決定を行なう。

②価格（Price）：対象者が負担するコスト。あるいは，公共サービスに対する生活者の投資（ソーシャルインベストメント），税金など。

③場所・流通チャネル（Place）：プロダクツが対象者に採用されるための場面，流通経路，サービスの拠点。

④プロモーション（Promotion）：広報，広告，営業宣伝員などによる販売促進。これには，マスコミュニケーション，人的コミュニケーション，インセンティブ（誘因）などがある。

⑤パートナーシップ（Partnerships）：マーケティングを行なう主体は，個人，グループ，ボランティア，NPO やユニセフなどの国連機関，環境省，厚生労働省，文部科学省などの公共セクター，企業，公共広告機構など，同じ社会的目的，アイデア，行動をもつ潜在的パートナーを見つけ，協働作用を発揮できる関係を成立させる技術を必要とする。

⑥ポリシー・基本的な考え方（Policy）：公共の福祉を考え，人びとが健康的で快適な社会を築くという大前提を共有して，さまざまな社会問題を解決すべく，コミュニティや社会全体の認知，態度，動機，行動を改革する。それは，共通の目的を確認し計画される。

このように，公共的なものにもマーケティング思考が広がってきているのが大きな流れといえる。最近ではスマートフォンに押されてしまったが，ソニーのウォークマンの成功は，新しい文化，すなわち，両手をフリーにして歩きながら音楽を聴くのが格好いいという若者文化を創り出すことで商品も売れた，ソーシャルマーケティングのよい例とされる。

次に，筆者が『健康マーケティング』（真野，2005）で述べた，ソーシャルマーケティングの意義について再説しておこう。

●ソーシャルマーケティングは行動変容を目指す

たとえば，健康のために禁煙や運動，正しい食生活を奨励する場合，これらの活動が消費者や社会の支持を得るには戦略が必要になる。これを体系化したのが，コトラーのいうソーシャルマーケティング論といえよう。

ソーシャルマーケティングとは，あくまでも人びとの行動を変える試みであり，公衆衛生や消費者行動論でいう，行動変容のことである。美術館のような非営利組織はより多くの来館者・会員・資金援助を必要とする，芸術団体は公演を満席にしたい，病院は空いているベッドを埋めたいといった，マーケティング上の課題に直面しているという文脈とは区別して考えなければならない。むしろ，こちらはサービスマーケティングの領域である。ここが重要な点である。

コトラーらがソーシャルマーケティングを提唱した当時，一般的なマーケティングの定義とは「生産者から消費者やユーザーへ，商品やサービスの流れを方向づける事業活動の遂行」であった。それが今では，「個人および組織の目標を満足させる取引を創造するために，知識，商品，サービスについて，そのコンセプトづくり，プライシング，プロモーションおよび流通を計画し，実行するプロセス」と認識されるようになった。そして世界銀行やユネスコなどがソーシャルマーケティングの必要性を認め，これを実践するようになったおかげで広く理解されるようになり，学習されている。

●今なぜソーシャルマーケティングか

ソーシャルマーケティングが今必要とされている理由として，企業が，みずからの存在を許している社会を無視し自社だけの成長を志向することが，社会的に許されなくなってきていることがある。

社会や地球環境に配慮し，共存共栄をはかるという意識が企業に芽生え，「プロモーションの一環として社会貢献することで，消費者からの支持を得る」という考え方は，すでにかなり広まっている。これは顧客志向と社会志向の同時実現が必要になるということである。

これらは本来同じベクトルなのだが，なぜか別々に考えられてきた。企業は事業活動が社会にもたらす影響について考慮すべきである。そのためには，以下にあげる三つのレベルに分けて考える必要がある。

第一は，企業が社会に提供する商品やサービスを，顧客はもちろん，広く社会の人びとが満足して受け入れてくれるかどうかである。

第二に，提供する商品やサービスが人びとの生活に真の意味で資するものなのか，逆に悪い影響を与えるものなのかを考えなければならない。

そして第三に，それらが人びとのニーズを満足させたとき，社会全体の効用を増しているのかについても考えるべきである。

たとえば，たばこは喫煙者を満足させるが，必ずしも喫煙者，すなわち顧客のためにはならない。これは第二の視点である。さらに，負の外部性(1)をもつので，周囲の者にも悪影響を及ぼし，最終的には社会が高額の医療コストを負うことにもなる。これは第三の視点である。また，とても燃費が悪いスポーツカーを考えてみよう。所有者はそのスポーツカーを楽しみ，それは顧客を傷つけない。しかし，環境を汚染し，結局は社会を傷つけることになる。この場合には第三の視点のみになる。

企業はつい，モノやサービスを売ることばかり考えてしまうが，売った後の影響について考えることも，これからは企業の社会的責任の一つになる。企業は社会的な存在である。これら顧客の健全性に悪影響を与えるような商行為は，やがてはみずからに跳ね返ってくることになると考えたほうがよいであろう。このような考え方は，筆者が以前『医療マネジメント』（真野，2004）で詳述したSRI（Socially Responsible Investment：社会的責任投資）の対象になりうるし，逆に会社としてはCSRを全うすることにつながる。

●社会的つながりと健康

社会的なつながり（social tie）が健康と福祉の向上に関係しているという事実もある。私たちの多くは，配偶者，親友，交際者とのネットワークから，緊急時に金銭を借りたり子どもの世話を頼んだり，重要な新しい健康の秘訣を習ったり，あるいはつらい目にあったときに情緒的な支援を受けるなど，さまざまな種類の社会的支援（social support）を得ている。このような支援は，失業や大きな病気のようなストレスに対処するために，多くの場合不可欠である。

心臓発作患者の追跡調査では，予後を左右する医学的要因を考慮しても，情緒的支援が得られるかどうかが生存をもっとも強く予測する因子であることが明らかになった。心臓発作で入院した患者のなかで，情緒的支援をもたないと報告した者のうち約38%が入院中に死亡した。それに対して，二つないしそれ以上の支援をもつ者では，入院中の死亡は11.5%だった。退院後も，この傾向は変わらなかった。6ヵ月後の追跡調査では，少なくとも1人の支援者をもつ者の死亡率は36.0%，2人ないしそれ以上の支援者をもつ者では23.1%であったのに対して，支援者をもたない者の死亡率は52.8%であった。このような傾向は，性別や年齢，心臓の損傷の程度にかかわらず，一貫して認められた（Berkman ら，1992)。

乳がんに関して，スピーグルら（Spiegel ら，1989）は，病状が進行した患者を，毎週の支援グループによる介入を受ける50名の群と，そのような介入を受けない36名の群に無作為に割り当て，比較する臨床試験を行なった。追跡調査の結果，支援グループによる介入を受けた群では，生存期間が有意に長いことが認められた。対照群の生存期間の平均が18.9ヵ月であったのに対して，介入群の生存期間は36.6ヵ月であった。

このようなデータもあるので，社会でのコミュニケーションを増すような仕組みも必要といえる。これもソーシャルマーケティングの視点ということができる。従来のマーケティングの考え方と比べると，かなり広いとらえ方をするものであると考えられる。

●米国での成功と日本の失敗

そもそも，欧米諸国では以前から健康重視の政策を，マーケティング手法を使って積極的に展開している。たとえば米国では，1979年にHealthy Peopleが策定され，当時のカーター大統領みずからが「合衆国の全国民が健康で生きるためには，治療だけでなく予防が大切であり，政府，民間団体，企業，学校それに保健医療専門家が共同し，国民の健康実現に向けて努力すべきである」と宣言した。これにより，地方自治体，学会，企業など350以上の団体が結集し，すべての人が健康で長生きするための情報の整備ならびに提供が行なわれてきた。

さらに，これを発展させたHealthy People 2000，Healthy People 2010が約10年ごとに策定され，Healthy People 2010では，地域ごとの健康サービス情報を整備し，消費者がその地域にあるサービスを自由に選べる仕組みをつくるとともに，民間機関への市場参入の呼びかけも促進していく計画にした。このように，米国では健康政策は成功している部分がある。

Healthy Peopleでは，中年期の死亡原因を，①医療の不備，②好ましくない生活習慣，③遺伝，④環境の四つに分けて，それぞれの寄与割合を試算している。それによれば，①医療の不備は10％であり，②生活習慣が50％，③遺伝と④環境はそれぞれ20％であった。

自治体ごとにもいろいろな取り組みが行なわれており，たとえばニューヨーク市は2008年から，外食チェーン店に，カロリー表示を義務づける条例を施行した。

一方，厚生労働省は，従来の「成人病」の呼称を1996年から「生活習慣病」に改め，がん，心臓病，脳血管疾患（脳卒中等），糖尿病等は日頃の生活習慣の影響が大きいと訴えるキャンペーンを展開した。また2000年からは，2010年度を達成の目途とした健康指標の目標を示す「21世紀における国民健康づくり運動（健康日本21）」が推進され，全国自治体ごとに計画が策定されている。さらに2002年に施行された健康増進法には，国民は「生涯にわたって，自らの健康状態を自覚するとともに，健康の増進に努めなければならない」（第２条）と規定されており，健康増進を国民の義務にまで昇格させたが，その浸透度はきわめて低かった。

その反省をもとにして取り組んだためか，メタボリックシンドロームという考え方はかなりの普及に成功した。これは，医療におけるソーシャルマーケティングの成功例といえるだろう。今や，日本人でメタボという言葉を知らない人はいないのではないか。しかし，この概念自体は医療界に古くからあるものだったのである。

●ソーシャルマーケティングの成功例：メタボという考え方の普及

1988年，ジェラルド・リーブンによってメタボリックシンドローム（メタボ）の考え方の原型が提唱された。すなわち，生活習慣病の三大要素（高血圧，糖代謝異常，脂質代謝異常）が，インシュリンの効果が落ちるインスリン抵抗性を基礎にして心血管疾患を引き起こすという学説が，“Syndrome X”として報告されたのである。その翌年にノーマン・キャプランが，この３要素に男性型肥満を加えて「死の四重奏」と命名した。男性型肥満とは，メタボの現在の概念では内蔵脂肪型肥満のことで，皮下ではなく，内蔵に脂肪がついており，リンゴ型肥満ともいわれる。これを契機に，インスリン抵抗性症候群の研究が盛んとなった。次いで，1998年にWHO（世界保健機関）がメタボリックシンドロームという名称でその診断基準を発表した。そして日本でも，2008年４月から始まった特定健診・特定保健指導（糖尿病等の生活習慣病に関する健康診査）で，メタボリックシンドロームの概念を応用している。このことにより，「メタボ」として一般に知られるようになった。そこには，広告こそしなかったもののメディアが積極的にこの概念を取り上げたことが大きいと考えられる。まさにソーシャルマーケティングである。それから２年弱で１兆円規模のメタボ対策市場ができたのである。

糖尿病などの生活習慣病は，進行するほど医療費も高額となり，患者の負担は増えていく。また，軽度であれば地域の内科医とのあいだで解決していけるはずが，大病院での大がかりな治療が必要にもなりかねない。それを防ぐための切り札としてつくられたのが，日本のメタボ市場であるともいえる。

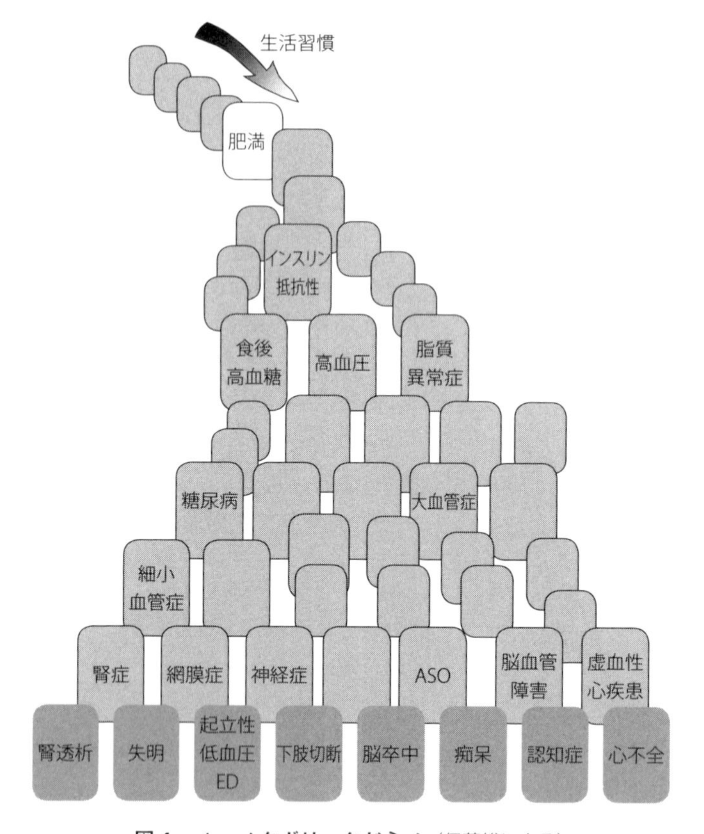

図４－１　メタボリックドミノ（伊藤裕による）

また，慶応義塾大学医学部の伊藤裕教授が提唱している「メタボリックドミノ」という概念が注目されている。メタボリックシンドロームの生活習慣病の重積だけではなく，それら疾患の病態基盤とその発症順序，およびその合併症の進展過程を含めた全体像をわかりやすくとらえる概念として，「メタボリックドミノ」という考え方が提唱されたのだ。図４－１に示すように，生活習慣病は複数の疾患へとつながるが，最初のドミノは食べすぎ飲みすぎ，運動不足や寝不足，ストレスなどの生活習慣の乱れである。また，このドミノ倒しが進めば患者負担や大病院へのシフトはますます強まる。この言葉もまたわかりやすい表現ではないだろうか。

このように，日本でもソーシャルマーケティングの概念が広がってきているのである。

（1）負の外部性とは，ある経済主体の行動がほかの経済主体に対してマイナスの効果を及ぼすこと。

第5章
ICT とマーケティング

●ICT 時代のマーケティング

本章では，これまで述べてきたマーケティングの考え方をもとに，時代の大きなうねりでもある ICT（Information and Communication Technology：情報通信技術）化との関連について考えてみたい。もちろん，この本はマーケティングの書籍なので，医療提供者側，たとえば電子カルテの話ではなく，顧客の視点からの話になる。

ある人がある企業に対して不満をもったとしよう。対面の場合には，よほどの人以外は直接不満をいわないだろう。しかし，何もいわずに次からは商品を買わないかもしれない。この顧客とのインタラクションとでもいうべき不満のやりとりは，情報通信機器の発展によって変わってくる。以下，情報通信の発展の順に述べると，

①電話：ふつうの人は，よほどの不満があるとき以外はかけない。

②メール：不満を伝えたいときに気楽な方法。ただ，発信元が通常は特定される。

③情報サイト：たとえば，食事であれば「食べログ」，旅行ならば「トリップアドバイザー」のような情報サイトに気軽に書き込む。筆者の周りでも，「書き込んでやった！」という声をよく聞く。

④SNS（Social Networking Service）：ちょっとしたことでも書ける。Facebook，LinkedIn，LINE などがこの分野では成長著しい。

インターネットが普及していない時代は，企業は対面か電話でしか，消費者の声を聞くことができなかった。しかし今ではまったく状況が変わっており，医療機関に直接届いた声のみならず，周辺での書き込みにも目を光らせていなければならない時代になっている。実際，企業では「5チャンネル」などの情報発信力があるサイトを定期的にチェックしていることが多い。

インターネットを使ったマーケティングには，前述したような受け身のもの以外に，直接個人に情報を提供できるものもある。とくに，最近利用者が多いソーシャルメディアといわれているものには前述したSNS，ブログ，動画共有サイトのYouTube，写真共有サイトのInstagramなどがある。Facebookは2017年では，月間アクティブユーザー数が全世界で20億人を超えている。また，トランプ大統領も前オバマ大統領も選挙活動でTwitterを使っていたと話題になったが，Twitterの活用も最新のネット戦略だと思われる。これらは，個人が互いに情報発信を行ない，仲間を広げていくメディアである。医療機関においても，これらの特徴をネット戦略として利用することが有効であろう。この例として，すでに少し触れた米国の有名病院であるメイヨークリニックの例を第7章で紹介する。

医療機関も，マスメディアを経由しなくても，ネットサービスや自院サイトを使うことで生活者に対して情報を直接伝えられるようになった。そして，ネットを使えば，双方向コミュニケーションを以前よりはるかに安いコストで行なえるため，一方通行ではない医療機関と生活者とのコミュニケーションも可能になってきた。その意味では，インターネットは，容易にネット戦略を実現できる素晴らしいツールであるといえる。

また，ICTを活用したマーケティングとしてWeb2.0マーケティングが話題になっている。これは「口コミ」につながる。

ホームページ（HP）づくりのポイントとして，医療機関は下記に留意してはどうだろうか。

①独自性があるHPをつくる。

②医療機関の情報だけでなく，健康相談などの医療情報や地域情報を提供する。

③HPに患者との連絡用のアドレスを入れる。

④スタッフ募集や学生実習募集などに活用する。

このような点を考慮し，地域に必要なHPを独自の視点でつくり上げ，地域住民にICTを使ってリアルタイムに情報提供していくことが，ほかとの差別化につながり，重要な経営戦略となる。

●顧客志向から顧客視点へ

このような情報化の流れのなかで，サービスや商品というものはそもそもコモディティ化していくことを避けることができない。コモディティというのは差別化できない一般に入手できる商品のことで，こういった商品やサービスを購入する場合には，近くにあるとか安いといった理由が多くなる。

このあたりの最近の変化を嶋口らの『マーケティング・アンビション思考』(2008) から引用してみよう。例としては，缶コーヒーである。

「その人のロイヤルティがかなり強固なものでない限り，より近くにある自販機で売っている缶コーヒーでよしとしてしまうことも多いだろうし，コンビニの店頭で買おうと思ったブランドのものがなかったとしても，買うことを思いとどまるよりは別の缶コーヒーを買うだろう。そうした商品，本質的な違いの少ない競合商品が多数存在するようになる状況を，コモディティ化という。もちろん，こうしたコモディティ化は，製品だけでなく，サービスにおいても存在する。たとえば宅配サービスや，ハウスクリーニングのサービスなどもそうだ。銀行や旅行会社のサービスも多くはコモディティ化している。たとえば自動車保険などは，一時期，さまざまな新商品が登場した。長い期間，規制に守られて進化していなかった規制業種では，規制緩和を受けて，いきなり開発意欲に目覚めるものだ。すると，コモディティ商品群にいきなりイノベーションが起こり，差別化商品が登場する。しかし，自動車保険もそうだったように，あっという間に他社が追随し，一段進化したレベルでコモディティ化してしまう」

このような流れを受けて，同書ではマーケティングの変化について下記のように述べる。

「『顧客志向』から『顧客視点』へという視座の転換と，インターネット時代の衝撃の二つによって，マーケティングのあり方が大きく変化している。その変化の要因として，前者は次のようにとらえることができる。第三者としての顧客の声に耳を傾けるべきだというのが従来の『顧客志向』であるが，自分が市場の中の顧客になりきって，自分が欲しいものを提供していこうというのが，私が『顧客視点』と呼ぶ考え方である。この顧客視点という視座を前面に出した展開が今後求められるようになる」

実際に「ペルソナ」といって，生活者になりきり，その人であれば何を考え何を消費するかを見きわめる手法も使われる時代になってきている。

とはいっても，医療関係者には少し話が抽象的でわかりにくいかもしれない。そこで，患者や医療機関のあいだでも大きな話題である，地域医療におけるICTの活用について，マーケティングとからめて述べてみたい。

●ICT医療の拡大

ICT医療の領域には大きく分けて，①情報源としてのICT，とくにインターネットを利用した分野と，②医療機関のICT化の二種類がある。

このうち①のビジネスは，患者や消費者向けのB to Cと，医師や医療機関向けのB to Bに分かれる。このうちB to Cにはかなり早期から疑問符がついていた。簡単にいえば，消費者が情報にお金を払うつもりがあるのか，という視点である。また近年，信憑性の薄い医療情報を流した企業の例も散見された。

一方のB to B（あるいは医師から医師：D to D）は，上場企業のエムスリーが代表例であるが，医師や医療従事者への情報提供は，非常に大きなビジネスになっている。以下，②を中心に述べる。

●ICTを使った情報共有

患者は同じであっても，医療や介護サービスを提供する組織がさまざまであることが問題になっている。つまり，ワンストップでサービスを受けることができない。この典型例は米国である。それは，専門性が極端に重視される国であるがゆえに，「サイロ化」とも批判されている部分になる。

日本の場合には，そこまで連携が弱いわけではないが，やはり専門分化，機能分化の動きが起きている。地域医療構想における病院の区分で，「高度急性期」「急性期」「回復期」「療養」と病院の機能が区分されるようになっていく。そこで基点になるのは生活者になるが，通常の商品やサービスと違って，医療の場合には診断や治療を受ける背景に膨大なデータが必要である。

たとえばコンビニでの購買であれば，せいぜい過去の購買履歴やプロフィールがデータとして蓄積され，購買行動が推測される程度と思われるが，こと医療分野となれば種類は膨大である。患者の名前，性別，人種，対応言語，アレルギー，投薬，投薬に対するアレルギー，喫煙の有無，予防接種歴，通院歴，身長・体重・血圧・BMIといった簡単なバイタルサイン，さらには薬局からのデータ，薬剤データ，患者の問題リスト，検査結果，放射線科のレポートならびに画像，病気の診断名，行なわれた手技，認知力，もし入院したことがあれば退院のときの指示およびサマリーなどがある。

拙著『医療危機』（真野，2017）で，ICT化政策で有名なエストニアの例を紹介したが，この国に限らずヨーロッパでは，国や州の単位で医療ICT化が急速に進んでいる。諸外国に比して日本に一日の長があるのは，医療介護連携のICT化である。この分野は，介護保険があり，介護サービスも医療サービス同様に民間サービスになっているので，諸外国のように行政の縦割り化が進みにくいところがポイントであろう。

●地域医療とICT

ここで，地域医療を例にあげるとすれば，医療側の視点としては，病院が提供する医療サービスを地域医療と定め，病院近郊の地域において，その地域に暮らす生活者にとって必要で，より身近な医療サービスを提供すること，ならびに提供する環境を整えることであろう。

医療サービスにおける地域連携は，サービスとサービスの連携，いわゆるサービス連携にほかならない。医療の内容および患者の価値観の拡大によって，単一のサービスを一つの病院だけで安定的に供給すること自体が困難になってきたので，それらを結合させ，シームレスなサービスとして複数サービスを連携させることが必要になってきた。しかし，この実現にはさまざまな課題がある。ただ，この問題の解決こそが，まさに患者視点で考えることの一つなのである。そして，この解決にはICT技術が役に立つ。

医療側の例をあげよう。急性期病院でよくある話であるが，在院日数を短縮させたところ，病床稼働率が下がった。そのために，急性期というより療養に近い患者を入院させて病床稼働率を上昇させたところ，一時的に収益が向上した。しかしながら退院の促進がなかったために，新たな入院を受け入れることができなくなった。そこで退院を促進するために退院患者の受け入れ病院を調査し，患者を退院させたところ，退院患者から多くの不満が出て，また自院に戻ってきてしまう結果となった。そこで何度もカンファレンスや研修会・勉強会を受け入れ先の病院と実施したところ，退院もスムーズにいき，入・退院がスムーズにいくことで病床稼働率・回転率が向上し，在院日数も短縮し，改善が進んでいる，という。本来は，勉強会などのアナログなものだけではなく，ICTを使った情報共有も重要である。こういったシームレスな連携にはICTは欠かせない。

少し大きな視点で見れば，ICTでつながっていさえすれば，患者がどこにいようとも連携は可能なのである。それがPersonal Health Record（PHR）という概念である。PHRは，医療情報のみならず健康情報である医療・介護・福祉の分野で取り扱う情報を蓄積でき，第8章で述べる米国の最先端病院で導入されているICTである。利用者はポータルサイトを利用して散在する情報を管理できるサービスである。

たとえば，仮に海外旅行中であっても，患者を起点としてデータをやりとりできる仕組みの構築といったことが大きなテーマになろう。

医療情報の共有化には，DPC（Diagnosis Procedure Combination：診断群分類別包括評価）データの果たした役割が大きい。すなわち，DPCデータで地域の医療の実情を分析し，自院の強みや弱みの分析を行ない，ひいては地域医療に反映させることができるからである。

2010年12月に開かれた「疾病又は事業ごとの医療体制について」の指針を見直すための検討会において，唐澤剛大臣官房審議官（当時）は，民間病院が多い日本の医療計画は誘導的な性格をもつものとなると前置きし，「それぞれの地域の医療・介護を視野に入れた医療提供計画をどうつくるか，重要な時期に差し掛かっていると思う」と述べた。誘導的な性格がよいのかどうかという議論も含め，ICT化やデータ化が医療を変えていく好例になると思われるので，ここで紹介した。その後の急速なデータベース作成の動きは、表5－1にまとめた。

●日本の医療ICT化の遅れと混乱

ICT化には提供者起点と生活者起点があるのだが，日本の場合にはこの二つが入り混じってしまっている。

まず，提供者起点のものとしては，厚生労働省によるNDB（National Data Base）や日本外科学会を中心に立ち上げられたNCD（National Clinical Database），あるいはPMDA（医薬品医療機器総合機構）が収集しているものなど多くのデータベースがつくられているが（表5－1），こういったデータベースのサイロ化は，とくに日本に限った問題ではなく，提供者起点のICT化の欠点である。さらにいえば，病院や地域単位でICT化を行なう場合にも，サイロ化に気をつけなければならない。

一方，生活者起点でのICT化は，患者がデータを入力したり移行したり，あるいはICチップで医療データを所有するといった形をとる。しかしながら第8章で触れる米国のような形では，日本の生活者起点の医療ICT化はまだ始まっていないのが実情である。

日本で医療ICTの進歩や普及が遅れているのはなぜだろうか。①日本は医師や医療機関にアクセスがしやすい国であり，ICTの助けがあまり必要

表５－１　保健医療分野の主な公的データベース（DB）（厚生労働省保険局，2018）

DBの名称	NDB（レセプト情報・特定健診等情報DB）（H21年度～）	介護DB（H25年～）	DPCDB（H29年度～）	全国がん登録DB（H28年～）	難病DB（H29年～）	小慢DB（H28年度～）	MID-NET（H23年～）
元データ	レセプト，特定健診	介護レセプト，要介護認定情報	DPCデータ（レセプト）	届出対象情報，死亡者情報票	臨床個人調査票	医療意見書情報	電子カルテ，レセプト等
主な情報項目	傷病名（レセプト病名），投薬，健診結果等	介護サービスの種類，要介護認定区分等	簡易診療録情報，施設情報等	がんの罹患，診療，転帰等	告示病名，生活状況，診断基準等	疾患名，発症年齢，各種検査値等	処方・注射情報，検査情報等
保有主体	国（厚労大臣）	国（厚労大臣）	国（厚労大臣）	国（厚労大臣）	国（厚労大臣）	国（厚労大臣）	PMDA・協力医療機関
匿名性	匿名	匿名	匿名	顕名	顕名（取得時に本人同意）	顕名（取得時に本人同意）	匿名
第三者提供の有無	有（H25年度～）	有（H30年度～開始予定）	有（H29年度～）	有（検討中）	無（検討中）	無（検討中）	有（H30年度～）
根拠法	高確法16条	介護保険法118条の２	—（告示）	がん登録推進法第5，6，8，11条	—	—	PMDA法第15条

ではない。②制度の経済学の視点でいえば，ICTを使用しない環境がこれまで長く続いており，そこからの離脱に時間がかかる。③医療に限らずそのほかのインフラも整っており，国土もさほど広くないので，ICTの優位性が相対的に小さい，といったことが考えられる。

コトラーら（2010）は，ソーシャルメディアを表現型ソーシャルメディアと協働型ソーシャルメディアに分類している。表現型はFacebookなどのSNSやYouTubeなどのユーザー投稿型メディアのことで，協働型は誰でも編集可能なウェブ百科事典のWikipediaを例としてあげている。どちらのタイプにせよ，デジタルマーケティングでは顧客を参加者とみており，第８章で述べるメイヨークリニックのSNSの例でも，患者が積極的にウェブに投稿するという状況になっている。このあたり，日本の医療機関の状況とはまったく異なっている。

第6章

押さえておきたい日本の医療の背景

第1章ではマーケティングの考え方を紹介し，第2章では医療にもマーケティングが適用できることをみてきた。次いで第3章から第5章まで，最近のマーケティングの考え方やその変遷を，医療と関連させながら考えてきた。本来，マーケティングの考え方は，無定見とでもいうべきか，政策や思想とは無関係なものである。しかし，本書の読者には，医療関係の読者や医療そのものについて関心が深い方が多いと思われるので，実際の医療マーケティングについて述べる前に，その前提となる医療制度のあり方と方向性を，日・米・英に関して押さえておこう。

これまでであれば，こんな話は対岸の火事であった。しかし今後はそうでもなさそうだ。AI時代を迎え，医学の専門能力があっても，たとえばコミュニケーション力のないものは淘汰される可能性がある。最低でも，医療をめぐる世の中の流れを知っておく必要があろう。

それには，医療制度の改革がどのような考え方に基づいて起きるのかを知ることが鍵になる。「医療費を削減するためだ」「役人が権益を拡大するためだ」「政治家の勝手では困る」などと，さまざまな声が聞こえてきそうだ。もちろん，そのような要素があることは否定できない。しかし，そうしたところだけをみるのはきわめて一面的である。

●拡大から縮小へ：日本の医療制度

日本の医療制度，医療の問題点について歴史的にみるならば，1926年（昭和元年）の健康保険法から考えるべきだろう。この制度のもとでは，診療報酬を政府が被保険者の人数に応じて，一人当たりの人頭割で日本医師会に一括して支払う。そして日本医師会が都道府県医師会を通して医師に支払うという形式がとられた。しかしながら，これは製造業や鉱業従事者だけの保険であり，無保険者が多かった農村は悲惨な状況になってしまった。すなわち，医師が，お金の払えない農民が多い農村から都市部へと流れた。余談だが，このときに，後で触れる現在の米国的なシステム，つまり保険者が医師をみずから雇う制度も議論されていたようだ。

そんななかで1938年（昭和13年）に国民健康保険が創設された。また同年には厚生省が設立され，ホワイトカラー対象の職員健康保険が創設された。戦後の高度成長期に社会保障制度は拡大した（表６－１）。1961年（昭和36年）には国民皆保険・皆年金がつくられた。その後，給付率の引き上げなどがあり，健康保険財政は赤字が続き，また医師への支払いである診療報酬についても紛糾がたびたびみられた。

昭和50年代に入り，昭和30年代や40年代とは異なった問題，すなわち人口の高齢化と経済成長の伸びが小さくなるという問題が始まった。残念ながらこの頃から，高度成長期の社会保障拡大路線から，制度の見直し，医療に対する給付の抑制と，患者負担の調整の時代になっていく。具体的には1973年（昭和48年）の老人医療の無料化，74年の診療報酬の36.1％引き上げを境に医療費が高騰してしまい，ここから医療制度の見直しが始まった。

第二次世界大戦後，医療については，「価格メカニズムによる資源配分の帰結」が基本的人権にかかわる分配の公正という観点からみて妥当ではないと考えられるようになり，米国以外の経済的先進国では皆保険制度[(1)]的なシステムがつくられていった。つまり，社会保障制度によって，アクセスに対する金銭的な障害を小さくした経緯がある。これには，前述した無保険者の悲

表6－1　戦後日本の医療制度の歩み

1948年	医療法の制定（医療の基本を規定）
57	武見太郎氏が日医会長に就任
61	国民皆保険，皆年金制度がスタート
66	国民健康保険法改正（患者の自己負担を５割から３割へ）
73	老人医療費の無料化
82	老人保健法を制定（老人医療費を全国民で負担する制度の導入）
83	老人保健法施行
84	健康保険法改正（被用者の自己負担をゼロから１割へ）
97	健康保険法改正による患者自己負担増加（被用者２割）
2000	介護保険制度が実施
01	小泉政権が医療制度改革大綱を発表，診療報酬下げの方向
02	診療報酬2.7%減，2003年度から患者自己負担が一律３割に
06	診療報酬改定（－3.16%），診療報酬本体部分の大幅マイナス改定（－1.36%），改正介護保険法施行
08	第五次医療法改正，長寿（後期高齢者）医療制度施行
09	特定健診・保険指導の開始
10	国民健康保険等一部改正，産科医療保障制度の開始，新成長戦略・外国人患者の受け入れ推進
11	介護保険法等の一部改正
12	社会保険・税一体改革大綱，オレンジプラン策定
13	社会保障制度改革国民会議報告書，持続可能な社会保障制度の確立を図るための改革の推進に関する法律
14	第六次医療法改正，日本専門医機構成立
15	第七次医療法改正，国民健康法の一部改正，新オレンジプラン策定，医療事故調査制度の開始
17	第八次医療法改正，介護医療院創設，データヘルス改革推進本部設置，医師の働き方に関する検討会
18	第九次医療法改正，医師法改正，新専門医制度開始，国民健康保険制度の都道府県単位化

惨な状況への反省があったことはいうまでもない。つまり，価格によって受けられるサービスが異なるという価格メカニズムの影響を小さくするために，高額療養費制度を含め，社会保障制度（医療保険制度）が構築されたといえる。いいかえれば，1961年の国民皆保険制度により，医療は価格メカニズムの作用する私的財であるが価値財(2)として扱われることになったのである。

一方，医療法は1948年に成立した。本来は医療施設の基準を示したものだが，改正を経て医療の基本法といえるような状況になっている(3)。現在にいたるまで，表６－１のように医療法は９回，大きく改正されている(4)。

もう一つ，制度的に特記すべき特定療養費制度というものがある。日本の

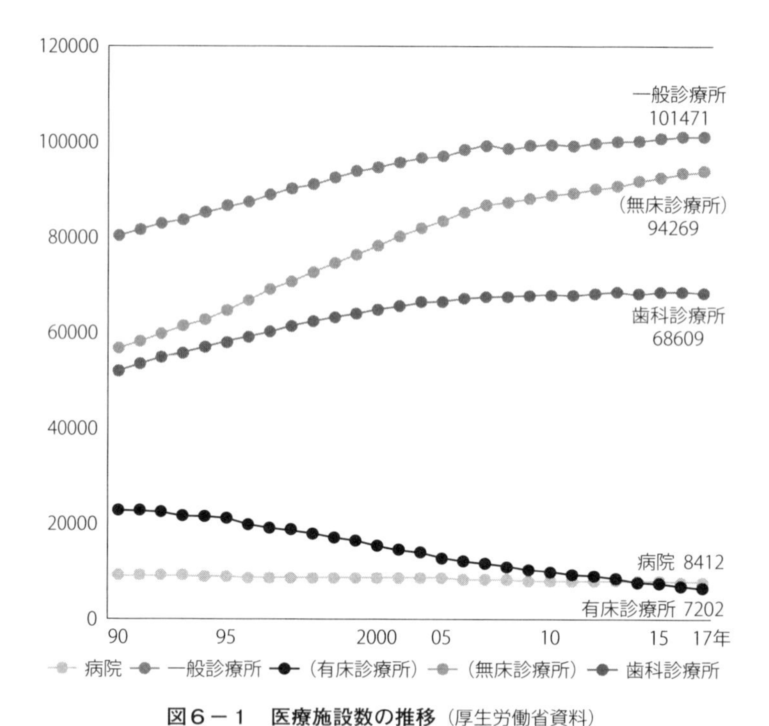

図６－１　医療施設数の推移（厚生労働省資料）

制度は，保険診療は保険診療のみ，自由診療は自由診療のみと，支払いが原則的に区別されているところに特徴がある。これを混合診療の禁止という。しかし，最近では医療の高度化・多様化によって，一定の場合にのみ保険診療と自由診療の混合を認めるというものになってきている。そして，サービス提供の大きな差別化手段であるアメニティ（快適さ）の部分は，この制度によっていくつかが自由診療の枠に入っている（個室料，予約診療料，200床以上の病院の紹介状なし診療の初診料など）。

以上，大きな流れとして，1973年までの社会保障拡大路線とそれ以降の収縮路線（正確にいうと，拡大を縮小する路線）をみてきた。患者にとっては，簡単にいえば，財布からの支払いである自己負担がどんどん増えてきた歴史ともいえる。また，図６－１に示すように，医療施設の数は，無床診療所以外は減少している。

表６－２　WHOによる保険システムの総合評価（WHO, World Health Report 2000より筆者訳）

総合評価の指標	日本のランク
・健康の到達度 健康寿命（健康に暮らすことができる時間）に基づいた評価	第１位
・健康の公平性 ５歳未満児死亡率に地域格差がないかどうかに基づいた評価	第３位
・人権の尊重と配慮 プライバシー情報の適切な管理，受診者の意志の尊重，応急対策，医療環境，医療機関の選択の自由などに基づいた評価	第６位
・医療受診の公平性 経済的理由，性別，年齢，人種による差別がないかどうかに基づいた評価	第３位
・医療費負担の公平性 所得に応じた保険料の設定と，公平な分配がなされているかどうかに基づいた評価	第８位

●なぜ満足度が低いのか

「医療の出来」を評価するには，いくつかの指標がある。日本の医療は，日本人の平均寿命の長さ，乳幼児死亡率の低さに示されるように，公衆衛生学的な観点からみて優れたものである。また医療機関へのアクセスのよさによって示されるように，制度としても優れたものであるといえる。2000年のWHOの調査でも健康の到達度は世界第１位であった（各項目については表６－２参照）。しかし，最近の多くの批判に示されるように，日本人の医療への満足度はあまり高くない。また別の批判の一つに，医療費が高すぎるというものがある。これには，個人が病院で支払った医療費が高かったというきわめてミクロな視点と，国民医療費が高いというマクロな視点のものがあろう。まず国全体のマクロな視点で考えたい。

ここで問題になっている医療費を考える指標はないのであろうか。相対的な指標が対GDP比の医療費（図６－２）である。

高齢者が多い国では医療費が高くなることが想像される。日本は高齢化の速度が世界一であり，世界一の高齢国である。日本の高齢者率（総人口に占める65歳以上人口の割合）は，1995年の14.6％から2005年には19.7％へと5.1ポイント上昇した。さらに2017年には27.7％となった。したがって，マクロ

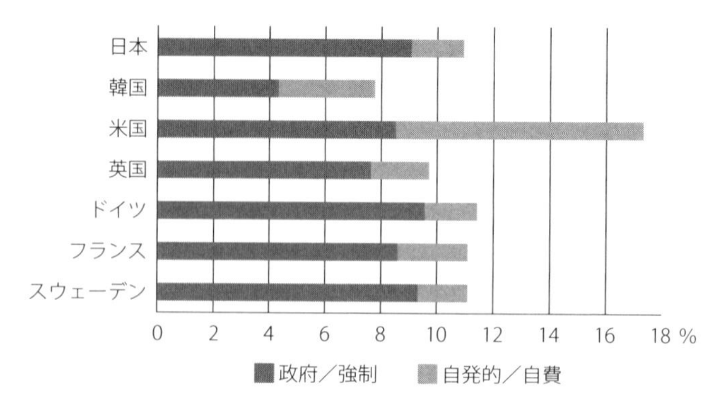

図6－2　GDPに対する医療費の比率（OECD, 2017b）

でみて医療費が高すぎるとはこの比較からは必ずしもいえない。

逆に国民の視点で考えたいことは，医療費の多寡ではなく，日本の医療が“安かろう悪かろう”なのではないか，ということである。先に触れたように，国民の医療に対する信頼感，満足感は揺らいでしまった。しかしそれらは，医療従事者と患者の関係や，病院の機能の問題などミクロの視点で考えるべき問題がほとんどであり，金額の多寡だけで解決することではない。

●コストを気にする患者たち

ただ，ここで問題なのは，医療費を気にする患者が増えてきたことである。もちろん医療を受けなければ命を失ってしまうことがあるわけだから，高いお金を払うくらいなら命をなくしてもいいと考えるきわめて少数の人を除けば，費用対効果を気にしているといいかえてもよいであろう。

「効率や効果」という面では，やはりマーケティングという考えのもとにしっかりしたシステムや組織の構築が必要である。マーケティングという面からみて基本になるのが，「患者第一主義＝顧客第一主義」という考え方である。

では，患者＝顧客は医療をどういうふうにみているのだろうか。

国民のサービスに対する意識調査についての結果が消費者庁から2018年に発表されている（図6－3）。図から，主人公である国民は，価格を気にし

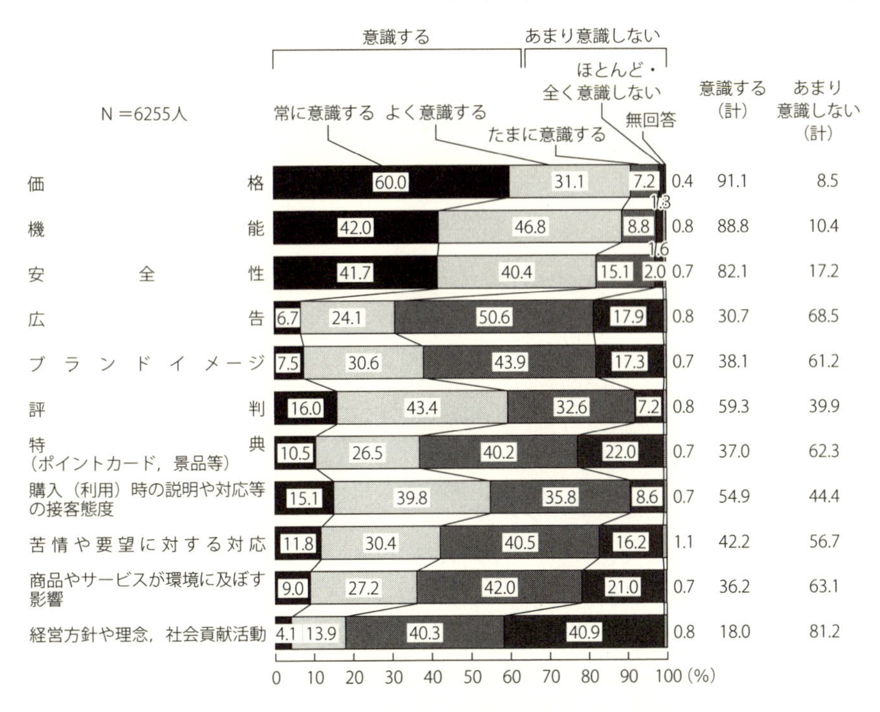

図６－３　商品やサービスを選ぶときに意識すること（消費者庁，2018）

ているといえそうである。(5)

●お金に対する考え方の変遷

そこで，医療に対する患者のコスト意識の変化について考察してみたい。医療とお金の話の最初は，患者のコスト意識の変化である。

従来，医療について「金もうけ」的な考えはタブーであった。また，日本の国民皆保険制度は，患者がお金の心配をすることなく医療にアクセスできるという点が世界に誇れる面であった。

しかしながら，最近では，病院倒産・閉鎖といったお金のかかわる医療提供者側の問題や，患者の自己負担増加といった話題が多く語られるようになり，医療とお金の問題が無縁とはとてもいいがたいようになってきてしまった。

ここで，少し歴史をさかのぼって，お金あるいはお金を稼ぐ（利益を出す）ことについての考え方を，ハイルブローナー（2001）による経済史の視点から眺めてみよう。

正当な価格とは

古代ギリシャの哲学者であるアリストテレスは，経済的な内容をみずからの思弁のなかに含めた最初の哲学者であったといわれる。

アリストテレスは，現代社会のなかでも生じうる問題をもち出す。その問題とは，たとえば「価値とは何か」「交換の基礎となるものは何か」「価格とは何か」ということである。

アリストテレスが経済過程を検討したとき，彼はオイコノミアとクレマティスティケの二つを区別した。オイコノミアという言葉でアリストテレスが意味していたのは，家政の技術であり，家督の管理であり，資源を注意深く節約する方法であった。クレマティスティケのほうは，天然資源や人間の技能を利殖目的のために用いる，という意味である。クレマティスティケは取引を目的とする取引であり，その動機と目標が使用ではなく利益にあるような経済活動である。アリストテレスはオイコノミアを正当なものとして認めたが，クレマティスティケを認めなかったのである。

貸金業に関しても厳しい。「それが生みだす利得は，自然的になされたものではなく，他の人びとの犠牲においてなされたものである。高利貸の行為はもっとも憎悪すべきものであり，おおいなる理由をもっている。けだしそれは貨幣が機能すべく意図されている過程からではなく，貨幣そのものから利潤を得るからである」という（アリストテレス，1961）。

この考え方は，中世になっても引き継がれた。

中世宗教思想を通じて，経済的な行為をすることは，一般的にはむずかしかった。商業に対しては，基本的に警戒した態度がとられていたからである。それは次のような言葉でみごとに言い表されていた。「商人はごくまれにしか，あるいはまったくといっていいくらい，神の恩恵に浴せない」。

営利動機に対して，教会がもっていたこうした不信感がよくわかるのは，

「正当価格」という考え方である。

「正当価格」とは，商品をその価値どおりに売り，それ以上は稼がない，ということである。これは，公定価格につながる考え方である。

神学者のトマス・アクィナスはこう述べている。「罪深きことは，商品をその正当価格以上で売るというはっきりとした目的のために詐欺を働き，そのため自分の隣人を欺き彼に損害を与えることである」。

しかし，「正当価格」を決める商品の「価値」とは何であるのか。これはきわめて算出がむずかしい。

一つは，その商品を得るために，あるいは生産するのにかかった費用，つまり原価プラスアルファのことと考えてもよいかもしれない。しかし，ある商人がある製品のために多くの費用をかけすぎてしまったとしよう。この場合に，それを転売するときの「正当価格」はどうなるのであろうか。あるいは，ある商人が予定よりも少ない費用である製品を手に入れた。この場合に，それを多く売って多くもうけてもよいのであろうか。

医療の場合は，まさにこの問題に直面する。

薬剤の値段である薬価を定めるときには，過剰な利潤を嫌う。たとえば一定金額以上の売り上げを上げた薬剤は，薬価改定において薬価が引き下げられる。

DPCによる包括支払いにおいては，すべての診療において利益が得られるとは限らない。なかには感染症などを起こしてしまい，利益が得られない場合もあるであろう。

このように，「正当価格」というのはとても決めにくいものなのである。

資本主義の芽生え

もう少し歴史を振り返ってみよう。ドイツの経済社会学者であるマックス・ヴェーバーは，西欧近代の文明をほかの文明から区別する根本的な原理を「合併性」と仮定し，その発展の系譜を「現世の呪術からの解放」ととらえた。そうした研究の成果が『プロテスタンティズムの倫理と資本主義の精神』（1989）に著されている。ヴェーバーが例にあげたフランクリンの思想にみられる精神は，営利による資本の増大を自分の倫理的な義務とみなすような精神である。この精神は単なる金銭欲とは違う，ある種の倫理性をもっている。

再びハイルブローナーによれば，オランダ，英国，米国などプロテスタンティズムの影響が強い国では合理主義や資本主義が発達したが，イタリア，スペインのようなカトリック国や，ルター主義の強いドイツでは資本主義化が立ち遅れた。こうした現象は偶然ではなく，合理的な経営・経済活動を支える精神あるいは行動様式，すなわち資本主義の「精神」とプロテスタンティズムとのあいだには因果関係があるとヴェーバーは考えた。

この「資本主義の精神」は，それ以前の「伝統主義」から生まれたとは考えられない。伝統主義が「今」を大切にするのに対して，「資本主義の精神」は現在を犠牲にしてでも先のことを考える，というものだからである。そうした精神の由来を，ヴェーバーはまず修道院の禁欲主義に求めた。世俗を離れ，ただ神のみを想い，厳しい労働によって自分たちばかりか俗人たちの救済をはかっていた修道士の活動の倫理に求めたのだ。神からの呼びかけによって与えられた使命としての職業（Beruf）という観念は，それまで聖職者のみに限定されていたが，プロテスタンティズムによって，その考え方が世俗的な外部に広がったのである。

プロテスタントは，禁欲的労働（世俗内禁欲）に励むことによって社会に貢献し，この世に神の栄光をあらわすことによって，ようやく自分が救われているという確信をもつことができるようになる。また，呪術は救済に一切関係がないので禁止され，合理的な精神を育てるようになった。

このようなプロテスタンティズムによる職務遂行の精神や合理主義は，近代的・合理的な資本主義の「精神」に適合していた。禁欲的労働によって蓄えられた金は，禁欲であるから浪費されることもなく，再び営利追求のために使われることになった。こうして結果的にプロテスタンティズムの信仰が資本主義の発達に作用したが，近代化とともに営利追求が自己目的化するようになった。

プロテスタンティズムは経済生活における倹約や禁欲を重視した。プロテスタンティズムが倹約を奨励したことによって，貯蓄すること，つまり所得を使いきってしまうのを意識的に避けることが美徳になった。これは，医療を受けるといった不測の事態に備えることにもつながる。

プロテスタンティズムにより貯蓄が奨励されたことで，さまざまな報酬と同時に利子の支払いも認められるようになったのである。実際には，プロテスタンティズムによって促進されたのは新しい経済生活に対する考え方だったといえる。

このようにして資本主義は生まれ，利益も正当化された。しかし，ここでは，アリストテレスの指摘のように利益を得るための商売，たとえば最近のファンドによる投資は必ずしも正当化されていない。その意味で，現代社会は，同じ資本主義といってもまた違う世界にいるのかもしれないが，この詳細は別の機会に譲りたい。また，医療機関の収益においてどの程度が適正か，いいかえれば，公定価格にせよ市場価格にせよ，どのくらいが医療サービス提供の「正当価格」なのか，という問いの結論はまだ出ない。

次いで，「正当価格」はわからないまでも，健康を害したときに何らかの救済措置があってしかるべきだ，という観点から考えてみよう。

保険が生まれる

医療保険の始まりが，1880年代のドイツ帝国宰相ビスマルクによる社会保険制度の創設であることはよく知られている。

この当時には，福祉社会を目指すという意図ははっきりしなかったが，その後1948年から62年にいたるまで，ヨーロッパ諸国は，第一次世界大戦以前の一人当たりの成長率を，２倍ないしは３倍へ（イタリアの場合には８倍へ）上昇させた。戦後の政府はいくつかの福祉政策や社会計画・政策を制度化した。たとえば，公的健康保険，家族給付・家族手当のようなものである。さらに社会保険も改善した。

しかし，生命保険は少し違っていた。

文化や宗教は，神聖な対象や関係を商品として市場交換することを禁止，あるいは制限する傾向がある。文化や宗教が経済的合理性を制限するのである。すなわち，神聖な対象である人間の命や死を市場交換の対象とする生命保険の普及過程に対して，社会・文化的価値が影響を与えるのである。

では，生命保険の企業家は，どのようにして生と死を金銭的に評価する，すなわち価格をつけることを可能にしたのであろうか。

米国の生命保険会社は，火災保険会社や海上保険会社と違い，文化的・宗教的価値への挑戦とみなされ，大衆からの強固な抵抗にあった。火災保険と海上保険はすぐに発展したが，生命保険業は，19世紀前半にゆっくりとしたペースで発達した。そして1840年代以降になって突然圧倒的な成功が生じ，1870年代に確固とした事業となった。

この普及パターンについての経済学的説明として，1840年代から1860年代までの米国の経済成長，19世紀半ばの都市化，そして攻撃的なマーケティング技術の採用があげられている。攻撃的なマーケティング技術とは，1840年代に導入されたエージェント（代理店）であり，顧客の家庭やオフィスでセールスマンによる説得と勧誘が積極的に行なわれたことを指す。

しかし，別の解釈も有力であろう。すなわち，19世紀前半にみられた米国の生命保険への抵抗は，死の物質主義的評価を非難する価値観，および，その遂行を死に依存する商業的な協定を心配する魔術的な信念と迷信の力の結果である，という解釈だ。

ここでの価値観とは，人間の生と死が文化的・宗教的な観念であることを意味し，それが生と死を商品とみなすことへの文化的な抵抗を生み出したことを指す。また，魔術的な信念と迷信とは，たとえば夫が生命保険に加入すると早死にするという考え方である。

経済学的説明とみなされる新しいマーケティングシステムは，生命保険への抵抗に対処するために，直接の対人的な説得・勧誘が必要であったので，新しく導入されたと考えられる。

いずれにせよ，こういった動きによって，死亡したときに数千万円が支払われるといった，ある意味では死（命）に値段をつける行為は正当化され，日本においては生命保険の加入率が世界一になっているのである。

ただし，いうまでもなく生命保険では，万が一への備え，という側面が強く，医療経済学や薬剤経済学が扱っている，1年の延命にいくらまで支払うといったWTP（Willingness to Pay）のような生々しさはともなわない。

ただ，重要なことは，WTPは支払い者である患者の感じる価値が市場価格になっているという点である。ここに，費用積み上げ式ではない，もう一つの価格の決まり方，つまり市場価格が提起されるのである。

●医療に対する金銭の考え方

さて，このような変遷を経て，資本主義社会のなかで医療保険をはじめとする保険制度が充実してきたわけである。つまり，収益を求める行為はある程度正当化され，一方ではうまくいかなかった人，健康を害してしまった人に対する救済策としての保険制度，あるいは，もう少し積極的に社会保障を考える福祉国家政策が重視されるようになったのである。

しかし，ここで風向きが変わってきた。すなわち，高齢社会による医療費の高騰，ないしは保険などで医療費を負担する人のお金の問題である。

詳細は本書の範囲ではないので省略するが[(6)]，自己負担の増加など医療費の増加を食い止めようとする動きはすべて，このお金の問題から生まれてきているといってもよい。

次に，医療提供者側から，医療になぜお金がかかるかを二つの視点から論じておこう。

医療サービスが高額なわけ：技術の要素

医療費は，何が押し上げるのであろうか。一般に医療費の高騰は以下の六つが要因とされてきた。

①人口の高齢化

②医療技術の進歩

③医療保険制度の普及

④国民所得の上昇

⑤医師供給数増加

⑥医療分野とほかの産業分野の生産性上昇格差

経済学者ニューハウスによる米国での検討では，②を除く五つの要因は総医療費上昇率の25～50％にすぎなかった（兪，2006)。医療費上昇の50～75％に影響しているのは②「医療技術の進歩」ではないかと推測されている。いうまでもなく，医療は先端技術がなくては進歩しない。そして，ほかの分野と違い，医療技術は，個別の患者の治療のために開発されるものが多く，必ずしも医療費抑制に働いていない点には注意が必要である。

技術の進歩は費用に跳ね返ってくる場合がある。医療技術の進歩は医療の効率の向上，ひいては医療費の減少に貢献しにくい要素が多い。医療の新技術はそれまで不可能であったことを可能にするので，一般にはそれだけ医療費は増加することになるというのが，医療技術の進歩を費用増の原因の大きなものとして考える理由である。

なお国際的には，医療技術とは「医療分野で用いられる医薬品，医療用具と内科的・外科的手技，および医療が提供される組織的・支持的システム」と定義されている。ただしこの分類は実際的ではないので，①医薬品，②医療用具，医療機器，③手術や医師が行なう検査・処置などの手技，に分類することが多い。

医療サービスの消費者の側に立ってみると，医療については「こんなこともできるようになったんだ」という喜びとか驚きが先に立つが，その裏には膨大な技術集積が隠されていることを忘れてはいけない。さらにいえば，その技術を発見した企業の収益にもなっている。

いずれにせよ日本でも，高度先進医療をどう医療保険に取り入れていくのかは，混合診療の問題と関連して論じられてきたが，高度な医療が取り入れられれば，今後はその費用負担が問題になる。

医療サービスが高額なわけ：サービスの要素

医療において価格が高額になりうるもう一つの要素は，「医療分野とほかの産業分野の生産性上昇格差」である。前述した技術進歩がコストダウン（医療費抑制）に必ずしも働かない，という点と同様に，生産性の上昇の度合いが医療を含むサービス業では低いことが指摘されている。また，とりわけ日本ではサービス分野の生産性が低いといわれる。

一般に，医療のようなサービス産業ほど生産性向上は遅れがちであると考えられている。一方，一部の経済学者たちは「ある産業の生産性向上が経済全体の生産性向上に遅れている場合，その産業の財・サービス価格は上昇する」と説明する。たとえば，男性のヘアカットサービスの質は50年前と現在で大差ない。しかし，理容師の実質賃金はほかの勤労者と同程度に増加した。これは，生産性上昇がみられない産業で賃金が上昇しなければ労働力確保がむずかしくなるからである。それゆえに，理容師業界でも賃金とともにサービス料金を値上げせざるをえない。以下，米国の例を考えてみよう。

医療の生産性向上が遅れているということは，国民医療費の1割を占めるナーシングケア（日本では介護保険内のサービス）や在宅ケアでは事実である。しかし，仮に医療費の増加率が高い理由として生産性の遅れをあげるのであれば，何十年ものあいだ，医療の生産性が向上していないということになる。しかし，急性疾患の医療の生産性が経済全体の生産性向上に遅れることなく進歩していることは，誰の目にも明らかである。たとえば，死亡原因の上位三つである心臓病，がん，脳卒中の治療方法は，50年前と今とではまったく異なる。

この点については，経済学の枠組み，医療の費用に影響を与える要素との違いを指摘しておかねばならない。一般の経済学では，技術の進歩は，それがデファクトスタンダードといったかたちであれ，独占というかたちをとらないかぎり，費用を下げ，最終的には価格を下げて消費者の効用を増すと考えるのがふつうである。しかし，この原理は医療の場合に必ずしも当てはまらない。むしろ逆だといわれるのが医療の世界でる。特許が無数にからみ合っているバイオテクノロジーの世界でもこれは同じである。

すなわち，標準化に限界がある医療の世界では，たとえば電子カルテなどのICT技術によっても生産性向上にはつながるかもしれないが，費用（この場合は電子カルテ導入費用も含む）対産出量という視点では，電子カルテが相当廉価にならなければ採算には乗りにくいものだ。これは，現在電子カルテを導入している病院の多くが，病院ごとのカスタム化を要求していることと裏腹になる。

生産性が低ければ何が起こるか。市場の原則にしたがえば，供給が少なくなり，需要があれば価格は上がる。実際，多くのサービス分野において日本では価格が高いことが指摘されている。また日本の人件費は高いので，その部分でもサービス提供の価格を押し上げる。

そこで，一般のサービス業では，提供するサービスに格差をつける。たと

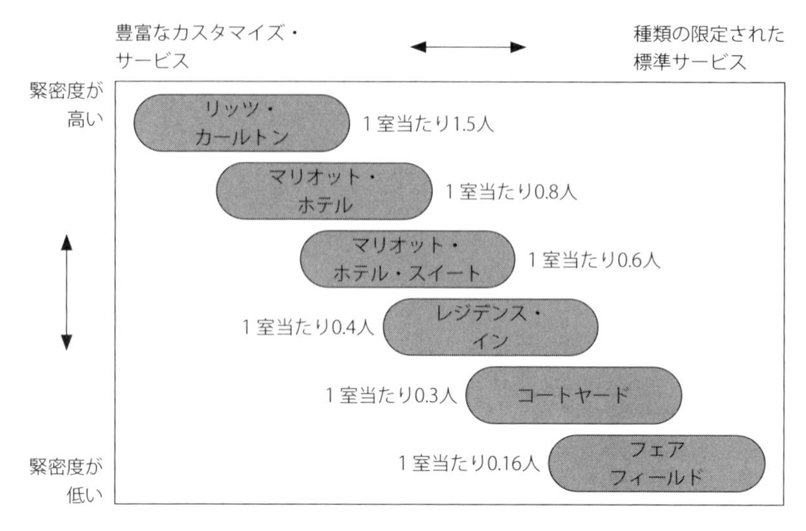

図6－4　顧客当たりのホテルの従業員数（トゥボール，2007）

えば，価格によって受けられるサービスを変えるのである。典型的なのはホテルで，高額なホテルになればなるほど，顧客当たりの従業員数は増加する（図6－4）。

しかしながら，医療の世界ではこれは診療報酬で認められていないし，認められるべきではないかもしれない。またさらにむずかしいのは，医療の世界では病気の性質によって手間が変わってくる。すなわち価格を高騰させる要因があるのだが，公定価格である医療の世界では，価格を消費者に転嫁することができない。また，提示した価格によってサービスに差をつけることもできないのである。

今後，医療の問題を考えるうえでは，それがマクロの問題なのか，ミクロの問題なのかを区別することが重要になる。主として国民からの医療への批判は，医療事故やサービス提供に関するミクロの視点からのものであり，まさに医療をサービスとしてとらえる視点が医療従事者にあれば，消費者である患者の不満もかなり解消されることになる。このミクロのアプローチこそマーケティングが得意とする分野であるが，その前提について，以下，米国の例をみながら考えてみよう。

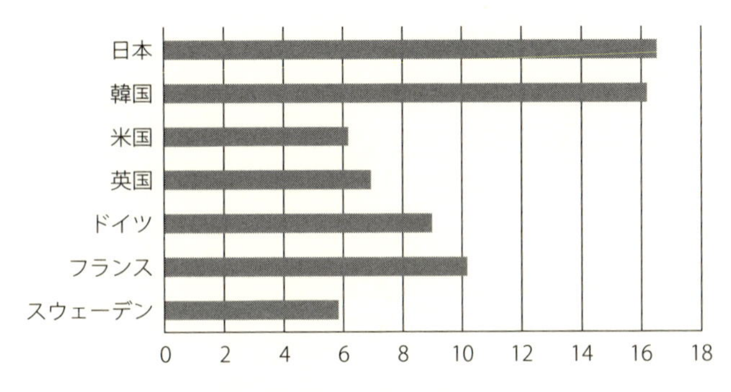

図6－5　各国の平均在院日数（2015年）（OECD，2017a）

●市場主義で破綻する米国の医療

マーケティング発祥の地ともいえる米国の状態を，まず概観してみよう。実は，米国医療は大いに批判されている。米国医療の問題点は，まさにマネジドケアという市場を使った医療管理システムへの批判であるといいかえてもよい。マネジドケアについては第8章でくわしく述べるが，この点については元ハーバード大学の李（2000）が，医療現場から問題点を指摘してる。たしかに，医療の効率性の指標である平均在院日数については，米国は短い（図6－5）。しかし，これは術前検査は外来で行ない，入院当日に手術して早々に退院させることで達成されている数値である。米国では，お産をしてもその日のうちに帰宅するのが常識というくらいだ。さらにいえば，平均在院日数をここまで短くすれば，患者の回転は速くなるが，患者数が有限である以上，当然ベッドの空床率は増す。その結果，病院が倒産に追い込まれたり，病院のM&A（合併・買収）が起こったりするというわけだ。

病院間で競争が起き，非効率的な医療機関はどんどん倒産したほうがよい，という意見をいう人もいる。しかし一方では，病院でこうしたことが起きると，今までその病院にかかっていた患者は，そこの医師や医療機関と付き合えなくなる。極端な話をすれば，入院していた患者は追い出されることになるのだ。もちろんまったく倒産がないのもおかしいが，一般企業の倒産率よりは低くて当然であろう。

ところで，米国において2001年になって，この争いに一つの方向性を与える法律が制定された。それは「患者の権利法」である。現在のところ，よい医療を提供したい，受けたいという医療機関および患者連合軍と，医療費抑制側である保険者の争いは，医療機関・患者側が有利なようだ。しかし，これは高騰する医療費をどうやって削減するかという，本来の問題にはまったく答えていない。いずれにせよ米国医療の混迷は今後も続くであろう。これはまさに市場を使って医療を管理しようとしたことの失敗であるともいえよう。

この国の医療に対する価値観は，「自由と効率」になる。お金がある人には最高の医療を，そうでない人にはそこそこの医療を，という自由の概念からみれば，失敗ではなく，個別には満足がいくものなのかもしれない。実際に，日本では当然である国民皆保険制度の創設に米国ではこれほど手間どり，かつ，オバマによる国民皆保険法制化にも反対者が非常に多かったところに，国として，いや国民としての意向が見え隠れする。

●米国の病院は今

これまで述べたことを背景に，少し病院の様子をのぞいてみよう。

まず，米国では日本には数少ない株式会社病院があって，素晴らしい経営を行なっている，という「定説」がある。実態はどうであろうか。まず米国の病院全体に占める営利病院と非営利病院の割合は，非営利病院が85%（退役軍人病院なども含む）と圧倒的に高いことを強調しておきたい。ただし注意しなければならないのは，営利病院が微増していて非営利病院が微減しているということだ。

そのなかで非営利病院の財務格づけは悪化し，営利・非営利ともに合併が進んでいる。簡単にいえば，病院経営の状況は悪化しているのだが，それはなぜだろうか。

実は病院で使う医療費は額としては増加するが，医療費全体に占める割合は減少すると予測されている。またベッド数は余り気味で，空床の多さが問題になっているし，営利病院では地理的に経営しにくい病院を分離するといった，経営的にはより厳しい状況になっているのは間違いない。

また，マネジドケアの要素と医薬品や技術の進歩があいまって，1990年代に病床稼働率は減少し，一方では外来患者の増加（1998～99年で５％）という現象が起きた。そのために，病院によっては，救命救急室（ER）以外の専門外来を増やそうとしている[7]。たとえば，ロサンゼルス郊外にあるメソジスト病院では，じょく創や糖尿病性下肢壊疽の治療のために，新しく外来治療センターを開いた。結果的に，こういった重症患者の半数くらいが病院に入院することになるので，入院中心の米国の病院でも非常に重要な戦略であるという。病院によるこの外来重視戦略は，日本における厚生労働省の動きとはまったく逆の現象であることに注意されたい。

（１）税金で行なっている国もあるので，皆保険制度「的」と表現した。
（２）スティグリッツの『公共経済学』（1996）によると，個人の私的選好に反映された価値にとって代わる社会的価値があり，政府には市民にそのような価値観を強制する権利と義務がある。そのような財を価値財という。
（３）医療サービスを提供する病院，診療所および助産所の開設と管理に関して，国民の健康保持に寄与することを目的として人的構成，構造設備，管理体制，医療計画，医療法人の義務，広告規制なども定めている。
（４）1948年から85年まで，40年近くも大きな改正がなかったのだ！
（５）筆者は，高額な医療費をかけるよりは，孫などのためにお金を残したいと高齢者がいうのを何度か聞いたことがある。
（６）くわしくは拙著『比較医療政策』（真野，2013）などを参照。
（７）米国では日本と異なり，保険に入っていない一般の緊急性の小さい患者が，直接，病院を受診することはできない。

第7章
現代の日本医療が抱える問題点と解決策

●健康とは

これまで本書で述べてきたような状況を踏まえて，医療の世界で近年強調されているのが，健康状態を高めることである。高齢者においては健康寿命の延伸ということになる。最初に健康について考えてみよう。

まず「健康とは何か」を確認しておこう。WHO（世界保健機関）憲章にある健康の定義は，「健康とは，身体的，精神的ならびに社会的に完全に良好な状態（完全な肉体的，精神的及び社会的福祉の状態）にあることであり，単に病気や虚弱ではないことにとどまるものではない。到達しうる最高度の健康を享受することは，人種，宗教，政治的信念，社会・経済的条件のいかんにかかわらず，全ての人類の基本的権利の一つである」とある。ここで，健康の定義に「精神的ならびに社会的に」という言葉が入っていることに注意したい。

人間の歴史のなかでは，健康を社会的な視点から考えることは十分に行なわれてこなかったといってもよい。現代社会では健康を客観的に測定するだけではなく，相対的なものとしてとらえ，かつ受動的な面よりも能動的な面が強調される。また，健康の目標も一人ひとり個別に設定されるものになってきている。さらに，健康の目標は生きること自体における目標との調和において築かれるものととらえるのがより自然であるといった考えが広まり，「健康と生活習慣との結びつき」を重視する時代になったといえよう。

関連して，WHOでは1998年，spiritualとdynamicの二つの語を新しく加える提案がなされた。すなわち，“Health is a dynamic state of complete physical, mental, spiritual and social well-being and not merely the absence of disease or infirmy.”というものである。翻訳が難しいが，spiritualつまり「魂」の健康が加えられるという議論がなされたのである。ここでの「生活習慣」は，かなり広い意味合いでとらえることもできよう。

●健康関連の消費の増加

皇居周りをジョギングする人，テレビでの健康関連番組の増加，書籍のベストセラーの動向などをみても，日本国民の健康に対する関心が高まってきている。余暇拡大により，現代人は以前より自由になる時間が増えたが，「豊かな時代」になり，そのほかのサービス消費の限界効用は逓減している。つまり消費しても効用が大きく増加するものが少なくなっているのだ。

すなわち，仮に所得は向上しても，購入したいものが少ないために，国民の効用の増加はあまり大きくないという状況になっている。しかしながら，健康（ストック）資産は減価償却がある。いいかえれば，人には必ず寿命がある。そこで，健康資本への時間投下，健康に関連する財の購買，健康サービス消費の限界効用は，ほかのサービス消費に比べて相対的に増加している。また，人生100年時代といわれるようになり，人生の後半戦をいかに健康でいられるようにするかに関心が集まってきている。図7－1に日本人の平均寿命と健康寿命の差を示すが，このギャップを小さくすることで，医療費や介護費用を減らすことができる。

身体の状態を，マイナスになった病気である状態から，プラスマイナスゼロの状態に戻すのが医療であるならば，ゼロからプラスにもっていこうとす

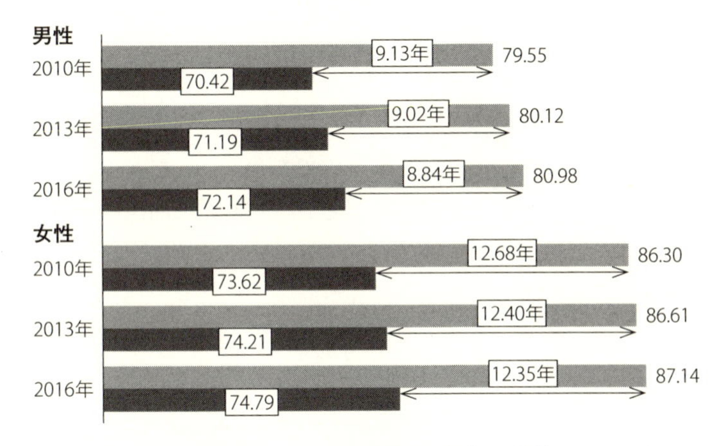

図７－１　平均寿命（上）と健康寿命（下）の推移（辻，2017）

るのが健康志向になる。また，これに「将来」というものを考えて，将来マイナスにならないようにあらかじめ手を打っておこう，というのが予防の発想だ。すなわち，同じように健康そうに見える状況であっても，まったく同じレベルではなく，限りなくゼロに近い健康もあれば，非常にレベルが高い健康状態もあると考えるべきであろう。

●蓄積できる健康

ここでもう一つ大事なことは，健康というものは，知識と同様に蓄積できるということである。

これは，健康ストックという考え方になろう。経済学的には，医療という財は資本財(1)の要素があることになる。これは疾患の変遷によって明らかになってきている。一番代表的なものは骨粗しょう症である。骨粗しょう症は，カルシウム不足が慢性化して骨がスカスカになる病気だ。とくに60歳以上の女性に多発するが，加齢に伴い程度の差こそあれ誰にでも起こる病気といえる。この病気は骨の量が最大になる25歳前後のときに骨に蓄えられたカルシウムが少ないほど早く発症する，逆にいえばカルシウムの蓄積によって発症を予防できるというわけだ。少しずつ発症年齢が低年齢化してきている。ほかに，筋肉も蓄積が可能である。

また，ここまでいくとすでに病気の領域に入ってしまうが，脂質異常症，糖尿病，高血圧といったものは，それだけでは重篤な障害を起こさないが，糖尿病であれば腎不全や失明，脂質異常症であれば心筋梗塞や狭心症，高血圧であれば脳血管障害といった合併症を起こすがゆえに問題になる。これら生活習慣に影響される疾患については，まさに日々の健康意識，健康への投資が健康維持のために重要になる。

これに対して感染症といった疾患は，今流行りの「免疫力を高める」ことによってある程度は対処できるが，ストックをしたからといってやはり完璧には予防できない。たとえば，いくら体力があるからといって，結核患者に毎日接していれば結核にかかってしまうであろう。

しかしながら，こういった疾患は徐々に減っている。医療に対しては，消費という考え方と投資という考え方がある。私は投資派であるが，「健康」へと視野を広げてみると，やはり投資という考え方が重要であることがはっきりすると思う。

●医療や健康の役割

1998年にノーベル経済学賞を受賞したアマルティア・センは，基礎教育や医療制度は，人間の潜在能力と生活の質，そしてその向上に直接の貢献をするものだと考えている。センの基本的な考え方は，厚生の基準（効用の基準といいかえてもよいと考える）として，実質所得や個々の満足ではなく，潜在能力とその機能を重視する。センのいう潜在能力とは，「ある人が自分で価値があると考える生活を選ぶ自由」である。ここで，画一的な価値観ではなく各人の価値と述べられていることに注意されたい。

さらにセンによると，不平等の是正は，「各自の潜在能力が十分に発揮できる空間をできるだけ公正にもたらす」ことを意味する。この考え方からいけば，教育と医療は，金融よりも重要かもしれない。実際，センは，教育や医療など市場で実現不可能な「公共善」実現のために政策があるべきだと説く。もちろん，健康な人が増えれば医療費が減る可能性もある。

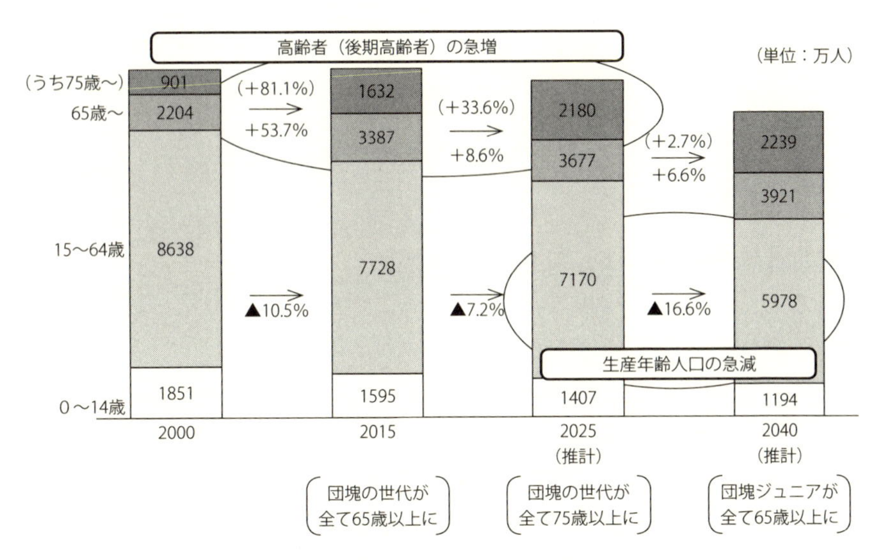

図７－２　2040年までの人口構造の変化（国立社会保障・人口問題研究所，2017）

●労働力の確保

図７－２に示すように，日本では今から約20年後の2040年になると，いわゆる生産年齢である15～64歳の人数は著しく少なくなっている。このような状態に少しでも歯止めをかけるには，これまであまり働いていなかった女性や，65歳以上の高齢者，あるいは病気や障害をもつ人にも何らかの形で生産活動に関与してもらいたいという話になる。そのためには，在宅勤務などの勤務形態の多様化はもちろんのこと，そもそも病気にならないとか，高齢になっても体力が維持されているといったことが重要になる。つまりは予防である。

ここで，医療機関・医師の役割を従来と異なる視点，つまり経済への信用供与という視点で考えてみよう。少しわかりにくいので，いくつかの例で具体的に考えてみたい。

たとえば，生命保険に加入することができるかどうかである。重大な疾病があると生命保険には加入することができない。これは裏をかえせば，医師あるいは医療機関が，ある個人が健康であることを保証する，つまり信用供与することで，金融商品の一つである生命保険に加入することが認められることを示す。

ほかの例をあげてみよう。生命保険などの医療特約についている入院給付金というものがある。これは入院期間に応じて，一日いくらといったかたちで給付金が支払われるが，これには医師のサインが必要になる。

同じ考えが，個人が債務を負う場合にも当然あてはまる。明らかに余命が数年しかない人に，数十年にわたる債務返済を負わせることはできないはずである。すなわち，債務の返済には少なくともその当事者が，返済を行なうに足る生産性を保持すること，いいかえれば生産能力がなくなるほどの疾病にかからないことが前提になっている。

金融機関は，この生産能力の低下をリスクと考えて，貸し出しの際に利子率の増加，債務者の担保提供あるいは保険加入というリスクヘッジを行なう。現状では医療診断技術が将来を予測するほど発達していない。しかし将来においては，遺伝子技術やAIの進歩などで，個々人の疾患の発症確率が予測できるようになることが想定されている。こう考えると，医療機関・医師の行なっていることが信用供与であることがよりはっきりするであろう。

●信用供与機関への信頼の揺らぎは何をもたらすか

信用供与を行っている業種，たとえば銀行が信頼を失うと何が起こるか？これは歴史が示すように，経済の破綻につながる恐れがある。

考察してきたように，医療制度は社会システムとしては，社会福祉制度の一環として市場の失敗を補い，また経済学的にも信用を供与することで経済のメカニズムを補完しているといえよう。もちろんこの働きは金融機関のように直接的なものではないが，個人消費への影響は最近話題になる公共事業への投資と比較すれば明らかであろう。

つまり，金融機関の破綻を恐れて，消費を手控え貯蓄に回す行動は十分に合理的であるし，同様に医療制度の破綻を恐れて，消費を手控え貯蓄に回す行動も十分に合理的である。しかしながら，直接の関係者を除けば，公共事業の破綻を恐れて消費を手控える生活者は数少ないであろう。

経済学者の宇沢（2000）は，医療も金融と同じく社会的共通資本であると考えている。その考え方は，「生産，流通，消費の過程で制約的となるような稀少資源は，社会的共通資本と私的資本に分類される。社会的共通資本から生み出されるサービスを社会的基準によって分配するというとき，この基準はたんなる経済的，技術的条件に基づくのではなく，すぐれて社会的，文化的な背景を持つ」というものである。

医療という財は，社会文化の背景を色濃くもつ財である。たとえば米国では医療供給の多くを私的な供給に依存し，医療保険制度も民間保険が主である。一方，英国では税方式による公的な医療供給体制が主流であった。日本では，1961年の国民皆保険以来，国の保障がある程度組み込まれている価値財という位置づけのもとで，医療供給が行なわれてきた。このように考えると，もちろん信用供与を行っている代表的な業種は金融業であるが，医療機関・医師も，社会に信用供与をしていると考えることができるのである。

●メンタルヘルスの重視

広い意味での信用供与あるいは生産性という議論で，忘れてはならないもう一つの軸がメンタルヘルスである。

うつ病の問題が大きくクローズアップされている。2017年の世界保健デーのテーマは「うつ病」で，WHO によると，世界のうつ病患者数は３億人を上回り，うつ病から年間約80万人が自殺しているとされる。まさに，国際的な取り組みが求められており，青年期，妊娠出産期の女性，高齢者の三つのグループに対する取り組みがとくに必要とされている。

日本では，平成26年（2014年）にうつ病（躁うつ含む）で医療機関を受診した患者数はおよそ112万人で，医師を受診していない患者数は360～600万人（人口の３～５％，WHO 調査），国民の20人に１人がうつ病と推計されており，生涯有病率では1000万人を超えるともいわれている。

WHO によれば，たとえば2016年において，うつ病と統合失調症（かつては精神分裂病と呼ばれた）が自殺原因の約60％を占めるという。

米国では，とくにうつ病が多い。米国ではうつ病患者は1750万人，3500万人が人生に一度は罹患し，毎年成人の10％がうつ病と診断されるという。これに加え米国では3000万人の不安症患者がおり，年間に推定400億ドルの医療費を使っているといわれる。

また，言い古された言葉であるが，「病は気から」であるし，免疫療法などでは，精神の働きが免疫を賦活する，といった知見が蓄積されてきている。最近の免役ブームでも，がんなどの重篤な疾患にかかった場合のオプジーボ®のような免疫療法だけではなく，平時の免疫力にも関心が高まっている。

このような角度から健康というものを眺めてみると，さまざまなことがわかってくる。

●マーケティング概念の拡張

では，健康というものがマーケティングの対象になるのだろうか。実は，本書のようにマーケティングの対象を広げてよいのかどうかには議論がある。この問題は古くは，1969年のコトラーとレヴィの論文（Kotler ら，1969）に端を発する。マーケティング概念の拡張論争は，マーケティングの適用対象の拡大であり，そのことが必然的に，マーケティングの対象概念の拡張をもたらしたのである。事実，この論文のなかでは，警察，教会，慈善団体，大学，博物館，立候補者などがマーケティングを行なう主体として取り上げられ，それぞれのサービスの性格は「人びとを守るというサービス」「宗教上のサービス（礼拝は文字どおりサービスと呼ばれている）」「幸福感」「教育」「文化の理解」「正直な政治」と述べられている。マーケティングの客体として財やサービスのみならずアイデアまで取り込まれるという社会変革のマーケティングや，ソーシャルマーケティング（Kotler ら，1971）という考え方である。

これら論文に端を発するマーケティングの概念拡張論争は10年以上にもおよび，1979年にコトラーがマーケティングに貢献した学者に与えられるポール・D・コンバース賞を受賞，そして85年に米国マーケティング協会

（AMA）による定義の書き換えというかたちで決着をみた。結論は，「ニーズないしウォンツを満たすために提供することができるようなものであれば，それらはいずれも製品とみなされる」とされた。すなわち，ここでは製品ではなく，製品が満たすであろうニーズないしウォンツに力点が置かれているのである。健康はまさにこの定義にぴたりとあてはまる。そこで，本書でもこの立場をとり，マーケティング概念の拡張を試みる。

●健康マーケティングの対象

ここで健康マーケティングが扱う対象について整理しておこう。大前提として，「健康サービスをエンドユーザーである生活者（場合によっては患者）に届ける組織」のマーケティングを考えることとしたい。さらに，「健康はよりよい幸せあるいは満足（QOL といってもよいが）を得るための手段である」と考えるのが健康マーケティングとする。

その場合，健康サービスを提供する場合のサービスマーケティングと，健康食品といった製造物を扱うマーケティングの二つの要素をともに扱うことになる。ただし，どちらの比重が高いかといえば，今や国民の消費の６割を超えるのがサービス業なので，サービスマーケティングの部分が大きくなる。いいかえれば健康サービスマーケティングを中心に扱い，その派生としてモノマーケティングを扱うことになる。

生活者主体の社会になると，顧客はある機能をみずから果たす必要性から解放（リリービング）されたがる。なぜなら，それらの機能は，みずからが行なわなくともある特殊化した単位でスケール効果をもって効率的に担われるからだ。また，空いた時間をほかの用途に使うことができるためでもある。子どもの世話を家族から外部に委託したり，家族による自宅介護を介護施設でのケアへ移すことが，この例である。

他方ではサービス経済は，顧客にとって以前はできなかったような事柄を，自分でできるようになる（イネーブリング）機会を生み出す。そして，現在の日本は第三次産業を中心としたサービス経済の時代になった。

しかし，モノサービスのほうも無視される心配はない。図７－３（再掲）

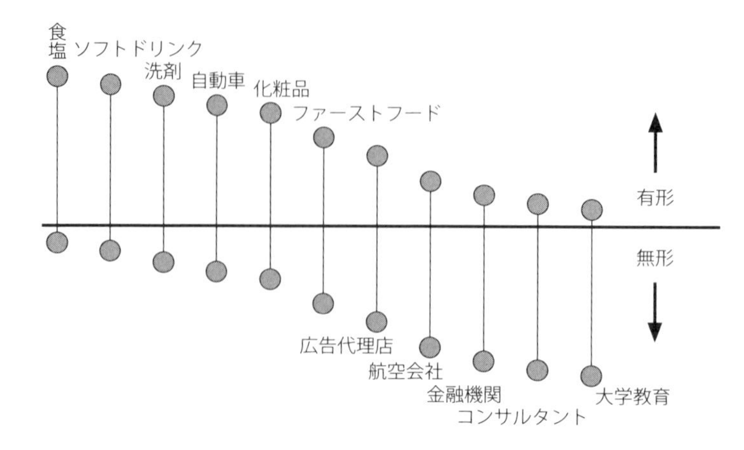

図7－3　商品の特質：有形性―無形性（Shostack, 1977）

に示すように，サービスには有形の部分と無形の部分がある。そしてサービスの提供というのは多かれ少なかれ，有形のものと無形のものの組み合わせになる。健康サービスもその例外ではないからである。

外科医は無形性が強いサービスを提供する。内科医は薬剤といった有形のサービスも一緒に提供する。放射線科医は画像を撮影したり放射線治療を機器を使って行なうので，有形の部分が大きいサービスと考えられる。

健康サービスは，医療の周辺に近接するがイコールではなく，むしろその周囲に広がったものと考えられる。すなわち医療保険や介護保険適応外のものがあるということである。

●地域包括ケア

予防と並んでというか，予防の概念を含みつつ厚生労働省が推進している概念が地域包括ケアである。この概念は図7－4に示されるように，住み慣れた地域の自宅などを中心に，必要なときに医療や介護を受け，できればPPK（ピンピンコロリ）で死にたい，という概念である。

厚生労働省が音頭をとっていることもあり，全国でこういった動きが起きつつある。埼玉県美里町の「いきいき100歳体操」，八尾市の「河内音頭健康

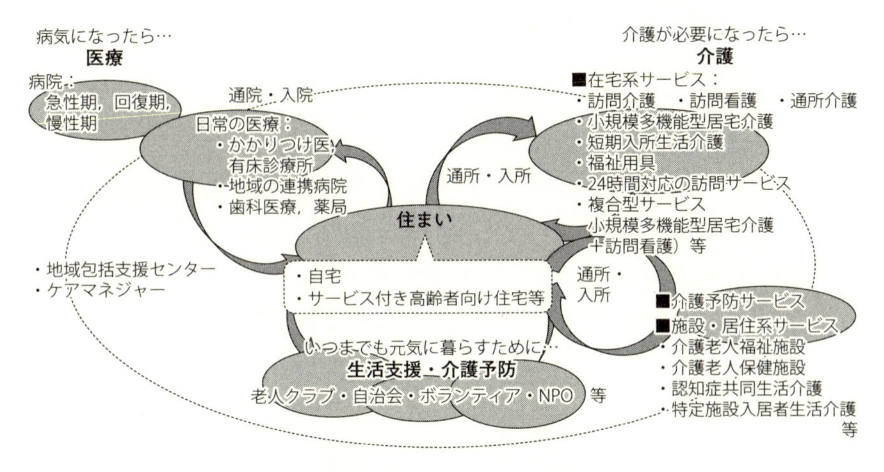

図7－4　地域包括ケアシステム（厚生労働省資料）

体操」など多くの取り組みはあるが，果たして国民にこの考えが伝わり，参加してもらうことができるのであろうか。

生活者にこうした活動に対する関心をもってもらうこともマーケティング活動といえるであろう。

●顧客参加の重要性

健康を維持するためには，普段の努力が必要である。少なくとも短期的な効用が増加しないことが多い場合に，どのように生活者（患者）の興味をひくかということが重要になるのはいうまでもない。しかし，これは，短期的に効用が増加する場合，たとえば，腹痛を治すといった場合にも当てはまる。

対症療法という言葉がある。目に見える症状に応じて治療することをいう。たとえば腹痛の場合に，胃がけいれんしているために痛みが起きていると推定されれば，抗コリン剤を使えば一時的に腹痛はよくなる。しかしながら，そのけいれんが生活習慣による過度のストレスに起因していた場合には，根本的な問題を解決しないかぎり腹痛は何度も再発し，健康な状態には戻れない。この場合には，腹痛が治っても定期的に医師を受診することが重要だし，提供者側にもそれをサポートするような仕組みが必要である。それがコミュニケーションであり，マーケティングである。

●医療は信頼財から経験財へ，一部は探索財へ

ところで，元来，医療という財は生活者が経験してもその真価を評価できない財，つまり信頼財とされていた。顧客はレストランで食事をしてみなければ，サービスの質を評価できない。これは経験財である。一方，広告やインターネットで情報を見て，購買前に商品の属性を顧客が把握しやすい，という特性をもった財が探索財である。たとえば健康食品は，生活者が評価できる（あるいはできると思っている）ので，消費が伸びているのだ。

最近の大きな変化に，医療という財が信頼財でなくなりつつあることがある。しかし，旧来の医療機関や医療従事者はこの大きなパラダイム変化についていっていない。これが，現在の医療への信頼感低下の大きな要素である。

この財の性質が変わった原因は，簡単に説明される。すなわち，医療をサービスと考え，そのサービス内容を本質サービスと表層サービスに分けて考えたときに（図７－５），旧来の医療はサービス交換の過程あるいは表層サービスよりも，本質サービスで評価がされていた。つまり真価（本質サービスと表層サービスの和）ではなく本質サービスの結果，いいかえれば疾患が治ったか治らなかったかのみで評価されていた。急性疾患中心の医療では結果である生死が最重要で，サービス交換の過程は重要ではなかったからである。

しかし，疾病構造が変化し，慢性の疾患が中心である現代の医療においては，表層サービスも重要になった。すなわち，疾患が治るか治らないか，というだけではなく，長期に罹患している慢性病においては，病院のアメニティや顧客（患者）サービスといった表層サービスも重視される。薬剤においても，生活習慣病関連の薬剤が続々と現れている。そしてこの表層サービスは，生活者の評価が可能で，信頼財ではない。このように疾病構造の変化により，多くの医療サービスについては経験財に移行している。さらにアメニティの部分では，探索財に移行しているものもある。

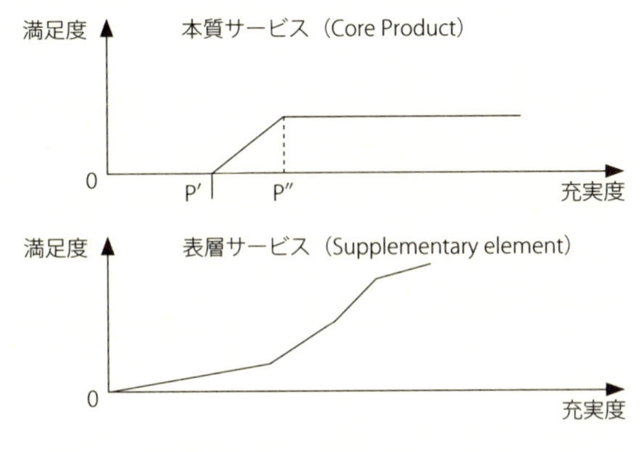

図７－５　本質サービスと表層サービス（嶋口，1994）

そして，健康サービスおよび関連商品はそもそも，信頼財の要素が少なかった。また関与度も低い。だから，財の性質の変化への対応が遅れた医療業界に比して，予防医療産業はまさにこの変化の波に乗ったのである。

●顧客の二つの役割

一般にサービス産業ほど生産性向上が遅れがちであると考えられている。技術進歩が生産性向上につながりにくいのは，第６章で述べたようにサービスという財の特徴でもある。

この生産性を増す方法の一つとして，顧客の参加がある。

サービスマネジメントシステムにおいて顧客は二度登場するといわれる。一回目は商品やサービスを購買する生活者として，そして二回目はサービス提供の一部を担う者としての登場である。前者は，購買者としての側面であるが，後者は製造物すなわちモノを買うときにはみられない側面なので，注意が必要だ。このことは健康サービスにもあてはまる。

健康サービスでは，みずから血圧を測る，血糖値を測定するといった行為でサービスへの参加が促される。アップルウォッチなどの登場もそこに拍車をかける。もちろん，広い意味では医療においても，注射されるときに手を動かさない，といった参加もある。いずれにせよ健康サービスのほうが積極的に参加できることは想像できよう。そしてそれは，サービス提供側の従業員の負荷を減らし，従業員の生産性を高めることにつながる。

患者と医療提供者は，病気からの回復，あるいは悪化の予防という同じ目的をもつ関係であることを再認識することが重要になる。これは当然，健康や医療サービス提供者と生活者の関係にもあてはまることなのである。

（1）資本財とは，将来の売り上げや利益が期待できる生産やサービスの資本となるような財のこと。

第8章
米国での医療マーケティング

本章では，前章で紹介した日本の医療の現実をふまえ，医療マーケティングの実際について，米国の事情を紹介しよう。

米国でも1971年以前には，医療の分野でのマーケティング，宣伝広告，対外活動およびそれらに関連した活動は行なわれていなかった。同様に考えられていた分野や職業としては，弁護士，宗教，教育の分野があった。

しかしながら，「消費者は神様」といった考え方への変化により，1977年には連邦最高裁判所がヘルスケアと法律関係の宣伝広告を認める裁定を行ない，80年頃からヘルスケア組織が広告を開始した。現在ではほぼすべてのヘルスケア組織が何らかの広告を行なっている。もちろん，米国でも医療者のなかにはマーケティング＝利益至上主義だとして抵抗感をもつ者もおり，導入は容易ではなかった。しかし，マーケティング概念の拡張にともない，1980年代後半からは政府や行政の活動，あるいは社会的問題をマーケティング手法で扱うテキストの出版がさかんとなり，非営利組織におけるマーケティングが浸透していった。いいかえれば，顧客満足の追求にはマーケティング思考が必要だという考えが受け入れられたのである。現在では，ヘルスケアは小売り商品であると考えられるようになっている。

もちろんこれは，医療従事者がこき使われているという意味ではない。ES（従業員満足）なくしてCS（患者満足）なしといった，医師を含め働く人に対する配慮を前提とした話である。

また，すでに述べたように米国民は，選択を非常に重視する国民である。医師に対してもそれは同じで，必要に応じて医師を変えるなどして選択している。ただ，高負担高福祉で知られるスウェーデンでも同じように選択を重視する動きが出ているので，この生活者の動きは，米国のみのことではないのかもしれない。

●米国の消費者はこう考える

表８－１に，日本と米国の消費者の特徴を列挙してみた。最近，日本の消費者もかなり米国的になってはきているが，それでもここでの対比のような差はみられる。

さらにこまかくいえば，たとえば飛行機に乗って機内サービスを受ける場合を考えてみると，次のような違いがある。

・日本人は待っていれば同じようなサービスをしてくれると思って待っているが，米国人は要求してくる。
・米国人は要求するから多くのサービスが提供されるが，日本人は要求しないからサービスが提供されない。その結果，周りと自分の受けるサービスが異なると苦情を言う。
・日本でサービスが一律に提供されるのは（たとえば国内便の朝食サービス），「何であの人だけに出して私にはないの？」という苦情が出るためである。米国では，各個人に応じてサービスを提供している。
・日本人は均一のサービスを要求するが，米国人は多様なサービスを要求する。
・米国人は「～をやりたい」というようにしたいことを要求してくるが，日本人は「～をしてくれるのか」「～ができるのか」というように，できるものから選択する。
・日本人は仲間がいればさまざまなサービスを要求するが，一人だとしな

表８－１　米国と日本の消費者の違い

米国	日本
明確かつ直接的なコミュニケーション	暗黙的かつ間接的なコミュニケーション
個人としての行動	組織や集団の一員としての行動
言葉による説明重視	非言語的側面重視
契約に基づく利害調整	人間関係に基づく利害調整
多数決型意思決定	全員一致型意思決定
競争重視	協調・妥協が重要

い。要求しないから，客室乗務員も声をかけないし，サービス提供も行なわない。

・米国人の場合，言わないとわからないので，言うべきことは言う。日本人の場合，ひとこと言ってくれれば解決できたということがよくある。わかって当たり前という意識があり，客室乗務員は言わなくてもわかってくれると思っている。しかしわからないことで不満が発生している。

●医療マーケティングに対する日米の考え方の違い

さらに，マーケティングに限ったことではないが，日本と米国では経営学の歴史に大きな差がある。具体的には，圧倒的ともいえるこれまでの情報蓄積の差である。たとえば，日本には2003年の本書初版以前に医療マーケティングに関する書籍はほとんどなかった。医薬品マーケティングの書籍が何冊かみられるが，多くがMR（Medical Representative：医薬情報担当者）の使い方といった実践的な内容であり，米国とはかなり異なっている。

残念ながら経営学――今回は医療マーケティングであるが――の分野は，まだまだ米国に学ぶものが多い。

まず，米国の話に入る前に，医療マーケティング，つまり医療領域におけるマーケティングの対象を確認しておかねばならない。実は対象としては，医療関係者とそうでない人の２種類がいることに注意が必要である。

対象者を分ける大きな違いは何かというと，知識量の差である。医療従事者は，医学の専門教育を受けているので，マーケティングを行なう提供者とマーケティングを受ける被提供者のあいだに情報量の差，いわゆる情報の非対称性が小さい。インターネットやビジネスの世界ではこの関係をB to B，つまりビジネス対ビジネスと呼ぶ。しかし，相手が患者や健康情報を欲しがっている健常人の場合には，この情報の非対称性は大きくなる。この場合にはB to C，つまりビジネス対コンシューマー（消費者）と呼ぶ。

第1章でも紹介したように，マーケティングの要素は4Pといわれる。すなわちプロダクト（商品），プライス（価格づけ），プレイス（流通），プロモーション（販売促進）であるが，ここではまず，米国におけるプロモーションのうちの広告について考えよう。この分野は，日本でも医療機関の広告規制緩和という政策にからみ，旬なテーマである。

●なぜ米国ではテレビで処方薬の広告がなされているのか

米国においては，この2種類のマーケティング対象者のどちらも，日本とはまったく異なる環境にある。

まずB to Cのほうであるが，これは読者のみなさんが米国に行ってテレビをつければはっきり違いがわかるはずだ。というのは，米国では製薬企業が自分の会社の製品を，ばんばん広告しているのだ。

「いやいや，日本だってテレビで広告していますよ。たとえばパブロンだって大正漢方胃腸薬だってそうでしょう」と言われる向きもあるかもしれない。しかし，米国では医師に処方権がある薬剤，すなわち処方薬も一般の消費者に向けて宣伝しているのだ。ここが大きな違いである。

「しかし，それは無駄でしょう。処方をするのは医師なのだから」という声が次に聞こえてきそうだ。しかしこれも間違いだ。この言葉が間違いであると理解するには，もう少しくわしく米国の医療状況を理解する必要がある。第6章でも，米国医療の様子を病院の側から眺めてみた。しかし，ここでの主役はマネジドケア組織（その代表がカイザーパーマネンテなどのHMO：Health Maintenance Organization）といわれる保険者である。

●マネジドケアがもたらした確執

マネジドケアは，制度において競争条件が確保されたなかでの競争である。管理するのは保険者で，管理されるのは医療提供者，つまり病院や医師である。つまり保険者が，医療提供者に対して金銭の管理と医療の質の管理をしているのである。

そもそも1930年代の米国に，先払いグループ医療というかたちで，きわめて早期のマネジドケアが出現した。その後60年ほどのあいだに，1972年の法律の成立などが促進因子となり，マネジドケア加入者は増加している。実はマネジドケアにはいくつもの形態があり，それぞれで医師や医療機関への管理の程度が異なっている。マネジドケアが進展した結果，90年代前半から半ばにかけて，病院サービスの価格と収入が著しく抑制された。そこで病院は，経営統合によって地域シェアを高めて価格設定にかかわる主導権奪回を図るとともに，保険者経由ではなくみずから消費者・患者に選ばれることを目指して機能整備と連携を行なった。サービスの質を重視し，顧客志向の姿勢を強めた点では前進を遂げたと評価できるが，きっかけは「保険形態の変化に合わせた改革」にほかならない。最近では，さらに患者の行動変容に焦点を当てた，疾病管理（Disease Management）が注目されている。本書はマネジドケアについて解説する本ではないので，詳細は省く。関心のある読者は『医療マネジメント』（真野，2004）などをぜひご覧いただきたい。

むしろ今後の米国の医療マーケティングを考えるうえで記憶しておいていただきたいのは，契約社会である米国では，二者の関係がより市場理論に近いかたちで展開してきたことだ。それは日本には存在しないマネジドケア組織（一般には医療保険会社）と医療提供者間の確執を生んだ。患者や医師は医療に介入されることを好まない。結局，医師（集団）あるいは患者からのマネジドケア組織に対する批判は，第６章で触れたように，最終的に2001年の「患者の権利法」として現れた。その結果，マネジドケア組織と医療提供者の関係において，医療機関・患者側が優位となるにいたっている。すなわち，医療提供者である医療機関，医療消費者である患者，保険者，そして医

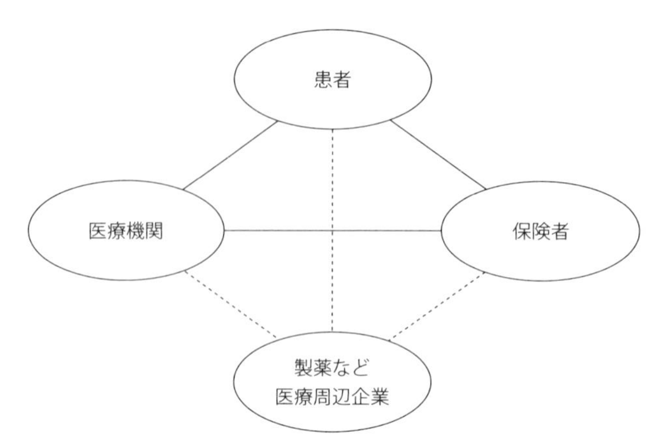

図８－１　医療のメインプレーヤー（米国）

療周辺企業のパワーバランス（図８－１）によって，医療の状況が揺れ動くことになる。

●医療機関もテレビ広告

このような状況下で，米国においては，程度の差はあれ日本と同様に病院がさまざまなパンフレットを作成して患者に配布したり，病院内に置いたりしているが，情報提供の範囲は，日本のように広報誌にはとどまっていない。たとえば自院がとくに力を入れている分野のラジオ・テレビ広告まで行なっている場合も多いのだ。この場合に発信される情報は２種類あり，一つは疾患に関する情報，もう一つは病院あるいは病院と契約関係にある医師に関する情報である。

米国の場合には，病院と医師とは雇用関係でなくあくまで契約関係にあるので，病院側もあまり特定の医師の宣伝になることは避けようとしているようだが，たとえばフィラデルフィアのトーマス・ジェファーソン大学病院の場合には，病院が重点をおいているがん治療を担当する医師が実際にテレビで宣伝をしていた。テレビで伝えられる情報にかぎりがあるので，こういった広告は病院のイメージ広告にあたる部分もある。

また，前述した製薬会社の広告のみならず，米国ではテレビやラジオで病院の患者募集広告を見聞きすることも多い。これは何のために行なわれているのだろうか。

みなさんは「治験」という言葉をご存じであろうか。要するに，新しい薬を開発する過程において行なわなければならない試験のことである。試験といっても，動物実験ではなく，人を対象にして行なっている。したがって，試験に参加してくれる人（通常は病気にかかっている人）の協力が必要だ。

最近，日本の新聞でも製薬企業の広告を見かけるようになったが，米国では，テレビ，新聞，ラジオで治験参加者のリクルートを医療機関が行なっている。もちろん費用は最終的に製薬企業に転嫁されるのだが，あくまでリクルートの主体は医療機関である。したがってこの患者募集広告も医療機関が行なっているのだ。

ただし，医療機関による広告は製薬会社による広告に比して，地域性が強い。これは当たり前で，米国でも医療機関選択には，やはり距離が近いという要素が大きいからである[(1)]。したがって，ニューヨークとかロサンゼルスといった大都市では費用対効果が悪く，テレビコマーシャルは行なっていないようだ。フィラデルフィアのような中規模都市ではテレビコマーシャルが放映されていた。

●情報インフラの充実

米国でのこれらの動きは，患者の医療情報を保護する法律であるHIPAA（Health Insurance Portability and Accountability Act：医療保険の携行性と責任に関する法律）によって支えられている。米国厚生省（HHS：Department of Health and Human Services）は2000年12月20日に，HIPAAの具体的な実施基準を公表している。この法律は，患者の医療情報保護の部分以外では，医療情報の電子伝送に関する規格の標準化を行なうので，医療情報すべてが共通のフォーマットに乗る可能性がある。またHIPAAの及ぼす影響については，実質的な内容は保存・伝送される医療情報の標準化であり，これによって患者の診療録管理に対する法規制環境が劇的に変化するとともに，事務管理コスト削減に向けて情報技術が広範に利用できるようになると考えられる。

インターネット上の情報についても認証機関がつくられているので，一般の消費者が誤誘導される可能性は日本より小さい。また，米国では，HHS内の機関であるAHRQ（Agency for Healthcare Reserch and Quality）によって，HCAHPS（Hospital Consummer Assessment of Health Plans Study）と呼ばれる患者満足度調査の標準フォーマットが作成されて一般公開されている（経済産業省商務情報政策局サービス産業課サービス産業生産性協議会品質・認証委員会，2008）。

●医療サービスの提供と内容

次に流通について考えてみよう。流通というと，医薬品などの流通がまず頭に浮かぶが，ここではそうではなく，医療サービス提供のチャネルという意味での流通を考えよう。

米国では，日本のように医療計画に基づく病床規制や，看護師を何人配置すべき，といった規制はない。しかしながら実際には，人員配置についてはきわめて手厚い。

いずれにせよ，ある場所に医療機関を設けてはいけない，という制限がないので，医療機関を自由に開設できる。ただ，マネジドケアの保険会社は，会員である消費者に自由に医療機関を選ぶことを禁じている。

医療でいう商品は医療サービスになるので，目に見えるモノではない。この提供されるサービスについて，日米で差があるのであろうか。

大雑把に考えて，心臓移植や肝臓移植，遺伝子治療といった最先端の医療，いいかえれば実験的な医療については，米国は非常に先進的だ。これは米国人のチャレンジングな気質にも影響される。

一方，軽い疾患に対する治療や予防医学については，あまり充実しているとはいいがたい。患者の負担が大きい米国では，本人が軽い病気だと考えれば，医師を受診しないのだ。

広い意味でいえば，診療科目は商品あるいは商品計画であるともいえる。

日本では診療科目を自由に標榜することはできないが，米国ではそういった縛りはない。したがって，米国では診療科目という商品の差別化が進んでいる。また特殊な技術があれば，それを活かして病院にセンターをつくったりすることもきわめて容易だ。採算性のみが基準になる。いわゆる専門病院はかなりチェーン化しているのが現状だ。

また，病院がTシャツやペットボトルなど医療機関独自の広告・広報用のグッズをつくっている例もある。これは，それらを販売して収益を得るというより，ブランド戦略の一環と考えたほうがよいであろう。

●市場で決まる医療の価格

米国では，医療費は公定価格ではない。したがって，価格は二者間の交渉で決まる（図８－１）。医療周辺の産業である医薬品流通業や製薬企業，マネジドケア組織が巨大化・寡占化しているので，営利であろうと非営利であろうと，どちらも交渉力の強化のために規模の追求[(2)]を行なわざるをえない。つまり交渉力を背景にした交渉の重要性が，マネジドケア組織にも，病院にも，医薬品流通業にも，医薬品購入にも当てはまっている。

要するに，契約社会である米国では，二者の関係が市場理論に近いかたちで展開する。たとえば，それは前述のように，日本には存在しないマネジドケア組織と医療提供者間の確執として顕在化した。

いいかえれば，図８－１で示したプレーヤーである，医療提供者である医療機関，医療消費者である患者，医療サービス購入者である保険者，そして製薬などの医療周辺企業の四者のパワーバランスによって揺れ動くことになる。この揺れ動き（振れ）の被害者は医療消費者（患者）で，たとえば「昨日まで診察を受けていて，良好な医師・患者関係が構築できていた医師の診療が，その医師の所属していたグループの経営破綻で受けられなくなった」といったことは，米国では頻繁に起こっている。

米国医療界において近年みられたこれらの現象は，将来の均衡点に達する過程における振れであったと解釈する考え方もあろう。つまり将来のよりよき状況（均衡）へのやむをえない犠牲であるという解釈である。一般に市場

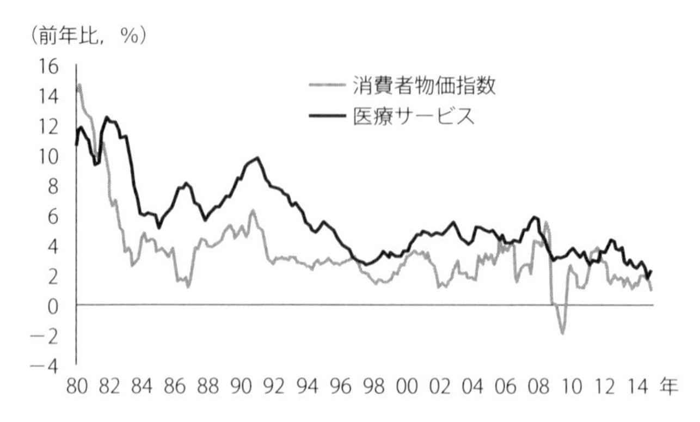

図８－２　米国の消費者物価指数と医療サービスの価格（上野，2015）

メカニズムで規定されているゲームへの参加者のリスクは，この振れ幅による。制度は，この弱者である消費者のリスクを極力減らすように構築されなければならない。

市場メカニズムが生命・健康領域に制限なしで応用されると，前述したように消費者である患者に犠牲者が発生する可能性が生じる。この一つの例として，米国では2011年時点で4900万人にも及ぶ無保険者がいる（U.S. Census of Bureau）。米国の医療では入院費，すなわち食事と看護師などが患者の面倒をみるための費用は，１日で数万円の単位だ。これ以外に検査費，医師の技術料，薬剤費，手術料などがかかる。これらの金額は近年抑えられてきているとはいえ，消費者物価指数を上回る上昇になっている（図８－２）。医師以外の給与も高い。無保険者は，当然このような医療を受けることはできない。

前述したような激しい競争のなかで，入院費用がマネジドケアなどによって抑えられているので，医療機関の経営状態も決してよくはない。ただ一方では，日本と比較すると，この法外な医療サービスの費用は，専門職である医療関係者を雇用する人件費が高止まりしているために，その費用が価格に転嫁されている部分もある。また，病院が広報や経営企画といった，日本では存在していない管理部門に人手を割いているので，その費用もばかにならない。

それでは，医師が幸せかといったら，必ずしもそうでもない。開業医の場合には，年に数万ドルから診療科目によっては20万ドルに及ぶ医療過誤保険料を支払っている。多少収入が高くても，保険料と弁護士費用を支払うために仕事をしているようなものであろう。ただしオン・オフがはっきりしているので，日本のように労働時間を制限するなどする「働き方改革」は不要であり，医師のQOLは高い。

●市場が安定供給か

価格については，第６章でも少し触れたが，日本と同じように公定価格である電力との比較が参考になる。電力と医療の共通の特徴は，需要が読めないことだ。必要な供給量が不確実であるといいかえてもよい。このような状況のときの公定価格は，最大限の需要に見合った設備投資・運営額が設定される。すなわち，平時にフル稼働すれば供給過多になってしまうまでの余裕を抱えることになる。とくに地方では，それほど多くの救急患者がくるわけではない。しかし，備えは必要である。

これは，一般の財とは異なる考え方だ。物財であれば，在庫による余裕がもてる。余分な在庫を抱えないために，オンデマンドで生産するデルコンピュータのような方法も開発された。

しかし，電力や医療のような財では，在庫は不可能だ。かつ，こういった財は生活に欠くことができない。たとえば，電力が足りなければ，東京電力福島第一原発事故の際の電力危機のような大騒ぎになってしまう。医療も同じと考えてよい。したがって，前述したように最大限の需要に応えうるように価格設定がなされているわけだ。

ただ，こういった状況では，当然「ただ乗り」の発生や，価格競争がないために価格が下がらないといった非効率が発生する。米国ではそれを改善するための電力自由化が行なわれた。そのような非効率が現在，日本の医療の問題点の一つとして指摘されているが，これは前述した，つねに非常事態に備えるための副作用といえないこともない。

どちらに重きをおくか。まさにここが市場を重視するか，安定供給を重視するかというせめぎ合いであろう。

この後，米国の著名病院でいかにICTが活用されているのかを見てみたい。どちらの病院も，民間主体，患者参加型ということになる。

●クリーブランドクリニックでの医療ICTの活用

1921年に4名の医師によって設立されたオハイオ州の非営利病院がクリーブランドクリニックである。本院は1400床で，そのうち3分の1がICU，手術室は外来手術室を入れて100（うちハイブリッド手術室7室）である。ライバルは，USニュースにおける病院トップ5の常連であるメイヨークリニックやジョンズホプキンス大学病院であるが，敷地面積が圧倒的に広いのでどんどん拡張できることが強みであるという。

国内にもフロリダ，ラスベガス，海外にはトロント，アブダビなどに病院を展開している。とくにアブダビについては，王族の治療経験が誘致につながったという。ちなみに，敷地内には多くのホテルがあり，なかでも高級ホテルのインターコンチネンタルには，海外や国内遠方からの患者が宿泊する。

本院の平均在院日数は6.4日で，心臓（600床），腎臓，がんなど完全なセンター制[(2)]をひいている。ヘルスケアシステムの従業員は全4万2800人，うち医師2700人（レジデント，フェロー1757人）は1年契約の給与制で，臨床のみならず，ポストによっては教育，研究も評価の対象になる。非営利病院らしく理念を重視しており，後述するメイヨークリニック同様，医師のリーダーシップを重視している。

図8－3にクリーブランドクリニックのICT戦略の全貌が示されている。まず電子カルテはMyPracticeといわれる。EPIC社の製品であるが，病院内のすべてと，近隣のプライマリケアのクリニックとも完全に連携している。プライマリケアのクリニックには2種類あって，クリーブランドクリニックに雇用されている医師と契約の医師であるが，契約の医師であってもMyPracticeの使用は義務化されている。690万人分のカルテが電子化されているという。

ついでMyChartである。これはiPhoneのアプリでもあり（図8－4），診察の予定，検査結果，メッセージなどが伝達され，使用者は70万人に及ぶ。

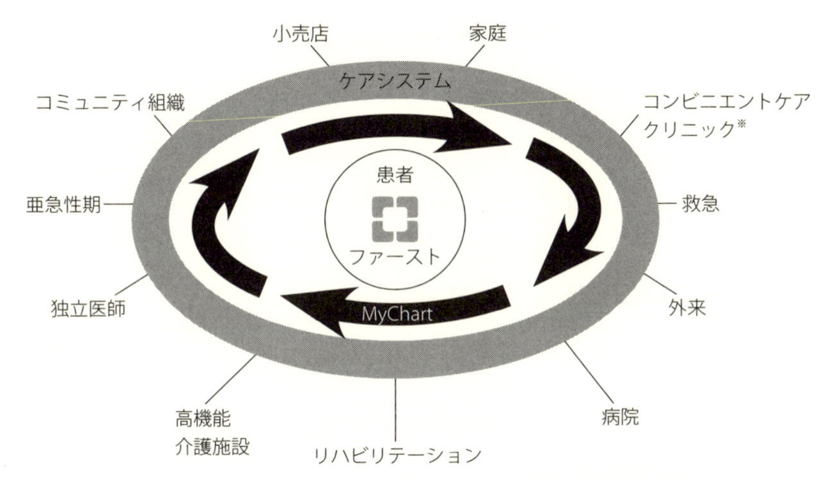

※コンビニエントケアクリニックには，通常医師は常在せず，ナースプラクティショナーがいる。簡単な診断や薬の処方，予防注射を行う。

図８－３　クリーブランドクリニックの統合ケアモデル

iPhone アプリ

・検査結果
・メッセージ
・過去／今後の予約
・予防的ケア
・薬，アレルギー，問題，免疫のまとめ

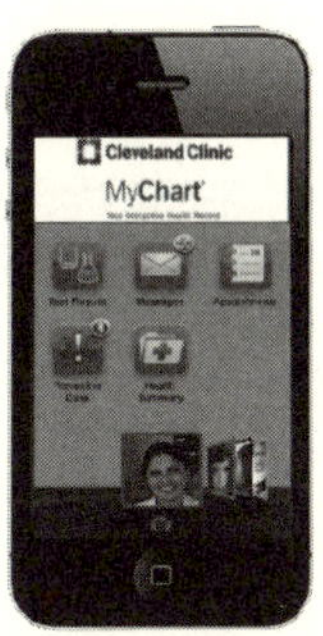

図８－４　クリーブランドクリニックの MyChart

ついで，DrConnect であるが，これは医師の紹介のフォーマットといってもよい。これでつながっている医師は，オハイオ州の3124名を含む5475名である。オハイオ州以外にもかなりの数の医師が，患者を紹介し合ったりして連携をとっていることがわかる。米国内でも遠方だったり海外の患者の場合には，フォローアップも必要になるので，このシステムの使用が必須になるという。

MyConsult は，セカンドオピニオンのツールである。日本を含む104ヵ国からの照会実績があるのだが，値段は１回500ドルくらいだという。やりとりはメールになる。

そして MyMonitoring である。これはまさにウェアラブルセンサーであって，健康関連の生体情報をモニターしていく。

●米国における在宅医療と ICT

米国では医療情報システムの推進に際し年間100億ドルを投資するとした政策が遂行されている。①医療の質向上，②医療コスト削減，③医療ミスの防止，④医療データ管理費削減などが目的とされており，個人が医学データを管理する Personal Health Record（PHR）や，いわゆる電子カルテである Electronic Health Record（EHR）の普及を目指している。また，テレヘルスのためのインターフェース開発には IBM，Intel，GE Healthcare など200以上の企業が参入している。

Veterans Administration Hospital（VA 病院：退役軍人病院）は退役軍人を対象として無償で医療を提供する施設であり，全米に153の病院，そのほかに診療所，ナーシングホームなど1000を超える医療施設が存在する。そこでは先進的な在宅モニタリングシステムが導入されているので，紹介したい（林，2011a；2011b）。

VA 病院の在宅モニタリングシステムは，患者一人ひとりに合わせてプログラム設定がなされた対話型のシステムになっており，音声読み上げ機能がついている機種もある。たとえば患者の日常生活に合わせ，朝は「おはよう」のあいさつから始まり，続いて質問事項が表示され，イエス・ノーで入力可能な質問がされる。血圧，脈拍，酸素飽和度，体重の測定は患者によって計測され，値が直接オンラインシステムで送信されるため，入力ミスなどが生じることもない。非常に機械的でコミュニケーションなどはとてもとれないように感じられるが，自分が入力したことに対してナースプラクティショナー(3)から日々のアドバイスが返信され，また緊急時は電話で直接連絡がくるため，社会からの疎外感が軽減されるという。対面型の医療とは違うコミュニケーションのとり方ではあるが，患者一人ひとりにかける時間や思いはむしろ多いのではないかと感じた。

このような動きを，マーケティングやコミュニケーションという視点でどう汲み取っていくかが重要である。

●メイヨークリニックにおけるソーシャルメディア

医療は，さまざまな理由で，消費者や患者にとって，いま何が行なわれているかがわかりにくい。わかりにくいものであるからこそ，わかるかたちでメッセージを伝えようとするのが経営ともいえよう。これをICTを利用して行なっているのが世界的に有名な，米国のUSニュースランキング（2017年度）でも１位の，メイヨークリニックになる。

メイヨークリニックはミネソタ州ロチェスターを発祥とする非営利病院である。開設年は1864年である。現在はフロリダ州ジャクソンビルとアリゾナ州スコッツデールに分院がある。年間の総患者数は130万人以上，総職員数６万3078人，総収入は約110億ドルである。

発想の根本は，患者は「医療」の質が判断できないので，自分の理解できる証拠（建物の外観や雰囲気，職員の思いやりなど）から質を判断しようとする，ということである。そこで，なりゆきに任せず，質がよいことを示す証拠をマネジメントすることが重要と考えたのである。

彼らはこれをエビデンスマネジメント，すなわち自分の能力を具体的に表現する，首尾一貫した，偽りのない，ありのままのエビデンス（証拠）を顧客に提示するという体系的なアプローチと表現している。この考え方はわかりにくいサービスの質を，具体的なモノで示すというサービスマーケティングの考え方に基づいたものといえる。この考え方に基づいたメイヨークリニックの伝えるべきメッセージは，「患者最優先」である。

まず，すべての職員に価値観の共有を徹底することが行なわれている。新規職員の採用も「価値観に合う人」という基準で行ない，研修を徹底し，たとえばカリス（思いやり）賞を与えるなどサービスを称える各種イベントを実施する。

施設は心地よい空間を確保し，また患者の家族用の施設をつくり，さらに小児科を設置し，車の乗降練習なども職員がサポートする。医師や従業員の服装の汚れなども徹底的にチェックする。

さらに，メイヨークリニックは，テレビ会議などでコミュニケーションを密に行なう。また電子カルテを導入し，情報の共有，投薬管理を行なっている。ここには「患者中心主義」という経営理念が大きく影響している。この理念を軸に，早期から情報システム構築に力を入れてきた。

マーケティング上で特筆すべきはソーシャルメディアへの取り組みである。これに関しては2010年にメイヨークリニックソーシャルメディアネットワークという組織を設立し，現在では病院ソーシャルメディアのゴールドスタンダードと呼ばれる地位を築いている。またメイヨークリニック制作運営のMayo Clinic Connectがある。

これらのソーシャルメディアはソーシャルメディアネットワークによって運営管理されている。ソーシャルメディアネットワークの人員体制は医師1名を含む10名のスタッフである。外部から移ってきたものもいるが，大半がメイヨークリニックに広報などの職務でもとから勤めていたものである。

ソーシャルメディアへの投稿内容は，Facebookの場合，2時間おきのリンクつきのテキストないしは動画，ライブ動画，写真である。メイヨークリニックのホームページにリンクされており，それぞれのリンク先では病気についての情報がブログ形式またはニュース形式で掲載されている。各投稿には必ずアイキャッチとなるイメージ画像が添付されており，投稿の内容がイメージしやすい形式となっている。またライブ動画ではメイヨークリニックで開催されている市民向け講座や同業者向け講座などのライブ配信を行なっており，コメントをリアルタイムで受け付けている。

このようなかたちで，医療者と患者の関係性を円滑にするためにICTを利用し，ブランド形成に結びつけていこうとするのがメイヨークリニックの戦略といえよう。患者の立場からみれば，患者中心の電子カルテが構築されているといえる。

（1）たとえば，メイヨークリニックなど最先端医療を行なっている病院には全米から，場合によっては全世界から患者がくるが，これはマスメディアを使った広告効果とは考えられない。

（２）内科や外科といった診療科目ではなく，がんや循環器，消化器，眼科といった疾患単位に統合されてセンターと呼ばれている。海外の病院では，COE（Center of Excellence）と称したりして，自院のとくに優れた部分をブランド化している。

（３）これは，事前にマネジドケア保険会社の許可がないと，患者が医療サービスを受けられないことを示す。

第９章 日本の医療にもマーケティング思考を

第８章では，米国における医療マーケティングの現状を，医療広告やICTを中心に考えた。現在，米国における医療機関の経営手法の日本への応用が模索されている。そのなかで，医療現場で実際生じているミクロな問題の多くは，マーケティング思考とそれに基づく実践により解決できる可能性があることをみなさんと考えてきた。本章では，第３章で述べたサービスマーケティングの視点から，日本の現場の問題点の解決について，さらに考えたい。

●マーケティングは顧客視点重視

マーケティングのいちばん重要な点は顧客志向にある。簡単にいえば，お客第一ということだ。純粋なマーケティングの学者ではないが，ピーター・ドラッカーは1954年（邦訳は2006年）に『現代の経営』において，顧客志向を訴え，さらに「事業の目的として有効な定義は，顧客を創造することだ」とした。この考え方を多くのマーケティング学者が発展させたが，次に大きく期を画したのはセオドア・レビットの「マーケティング近視眼」（2001）

表９－１　伝統的なマーケティングとリレーションシップマーケティング
（嶋口ら，2008）

伝統的なマーケティング	リレーションシップマーケティング
顧客の獲得	顧客の維持
市場シェア	顧客シェア
ビジネス対象としての顧客	資産としての顧客
価格と品質の保証	感動と信頼の創造
短期の利潤追求	長期の関係構築

という論文である。ここで彼は，企業の中心的優先事項は，単に商品を生産することではなく，顧客を満足させることだと主張した。最近では，さらに顧客との関係を重視する傾向にあり，『マーケティング・アンビション思考』（嶋口ら，2008）には，表９－１のように，伝統的なマーケティングから関係性を重視するリレーションシップマーケティングへの変遷が示されている。

今日的な企業では，これらは当たり前ともいえようが，昔はそうでもなかった。繰り返しになるが思い起こしてほしい。自動車産業のはしりは，Ｔ型フォードである。その前は馬車の時代だった。さて，フォード社のつくりだしたＴ型フォードであるが，その頃は大量生産・大量販売の時代で，製品に個性はなかった。みな同じＴ型であった。しかしその後にGMの時代がくる。GMはスポーティイメージの車で大成功を収めるのだ。いわば顧客志向である。

現在は多くの企業が顧客志向であるが，実はそうなっていない（あるいはそうなっていないようにみえる）ものがわれわれの周りにある。製薬企業と医療機関である。この二つは経営学の視点からはかなり異なったものになる。すなわち製薬業は製造業であり，医療はサービス提供機関である。ここでは医療を中心に考える。

本題に入る前に，前述のレビットの言葉をもう一つあげておく。販売（セールス）とマーケティングの違いについて述べたものである。「販売とは，人びとに現金と企業の製品を交換させるための策略や技法に関係するものであって，交換がもたらす価値とは関係ない。また販売はマーケティングと異なり，顧客のニーズを発見し，創造し，刺激し，そして満足させるための硬く統合された努力を構成するビジネス・プロセス全体という見方をするものではない」。

医療において需要を創造することは可能なのであろうか。製薬企業がウイルスをばらまいて，自社の製品を売ろうとする映画があったことが思い起こされるが，現実には，このように病気を創造することは不可能に思える。しかし，医療の需要をつくり出すことは可能である。経済学的にはこれを医師誘発需要と呼び，医師が需要曲線を右側へとシフトさせることとされる。

もちろん，医師が病原菌をばらまいて患者（顧客）をつくっているのではなく，医師・患者間に情報の非対称があるから可能になることだ。つまり，医学的に許される範囲で検査を多く行なったり，薬剤を多く投与したりする方法である。しかしもちろん，これはドラッカーやレビットのいう顧客の創造とはまったく異なる。

●日本の医療現場の問題

第７章では，日本の医療の問題点を大まかに眺めてみた。ここでは，実際の医療現場での例をあげながら，マーケティングについて考えてみたい。

これまで述べてきたように，本書は医療をサービス業と考え，そのサービス内容を表層サービスと本質サービスに分けてとらえている[(1)]。

ここで医療における本質サービスとは，診断・治療といった部分を指す。一方表層サービスとは，特定療養費に組み込まれている選定療養の部分を指す。たとえば個室ベッドなどが後者の代表例である。医療は旧来，サービス交換の過程あるいは表層サービスよりも，結果の有無で評価がなされていたし，当然されなければならない。つまり真価（本質サービスと表層サービスの和）ではなく本質サービスの結果，いいかえれば疾患が治ったか治らなかったかのみで評価されていた。急性疾患中心の医療では生死が最重要で，サービス交換の過程は重要ではなかったのである。

しかし，疾病構造が変化し，慢性の疾患が中心である現代の医療においては，表層サービスも重要になった。すなわち，疾患が治るか治らないか，というだけではなく，長期に罹患している慢性病においては，病院のアメニティや顧客サービスといった表層サービスも重視される。そしてこの表層サービスは，消費者の評価が可能で，信頼財ではない。このように疾病構造の変化により，一部の医療サービスについては，経験財・探索財へと移行している。この変化への対応が遅れた医療業界に比して，健康食品産業はまさにこの波に乗ったのである。

たとえばこんな例があったという。現在では電子カルテを導入している医療機関が多い。ところが，「先生がずっとコンピュータの画面を見ていて，自分を１回も診てくれなかった」などという苦情が患者から出てきている。これはまさに，7Pのうちの「提供過程」と「人材」の問題である。政府主導で電子カルテの導入に動いたことが背景にあるが，このあたりにも政府市場主義が現れている。経済学的には，電子カルテ導入の意味をとことん議論し，そのうえで顧客に迷惑がかからないように管理すべきなのだ。

サービスマーケティングの7Pの六つ目にある「物的環境要素」は最近，改善されつつある。医療機関によっては，暗いイメージを払拭し，暖かい，癒し系とでもいうべき色を多用した医療機関も出てきた。逆に，この部分では官民格差が大きく出ている。最近，公的病院による病院建物，高度医療機器といったハード部分への資金投入はかなりの額にのぼり，民間が太刀打ちできない環境になっている。しかし，それとてどうも画一的な気がするし，本当に医療機関にここまで豪華な設備が必要なのだろうか，と考えさせられる場合もある。高齢者が多いとか，小児が多いといった患者の特質を考えてデザインしているところはまだまだ少ない。

●医療で重要なのは信頼

ここで，少しマーケティングから離れて，医療の位置づけについて考えてみよう。医療を含む社会保障については，①従来のパターナリズム，福祉の視点に基づく公正重視の考え方と，②マネタリズムに代表される効率重視，小さな政府の考え方，③アンソニー・ギデンズの主張に基づき英国の労働党政権時にブレア首相が実行しようとした（「第三の道」），公正と効率の両立を目指す考え方がある。

1998年のノーベル経済学賞を受賞したアマルティア・セン（2002）は，とくに基礎教育や医療制度は人間の潜在能力と生活の質，その向上に直接の貢献をするものだと考えている。彼は，東南アジアの奇跡的な発展（一時期の危機はあったにせよ）の原動力が，この「人間的発展を重視し，市場と国家は相互に補い合うものである」という考えを取り入れたことだと分析している[(2)]。最近では，ソーシャルキャピタル，すなわち「協調的行動を容易にすることにより社会の効率を改善させる信頼，規範，ネットワークなどの社会的仕組みの特徴」の重要性も強調される。宇沢（2000）は，医療を社会的共通資本と位置づけている。社会的共通資本の定義は，一つの国ないし特定の地域に住むすべての人びとが，豊かな経済生活を営み，優れた文化を展開し，人間的に魅力ある社会を持続的・安定的に維持することを可能にするような社会的装置であるという。これは健康にして快適な最低限の生活水準を保つという意味を含む。宇沢は，社会的共通資本の構成要素として自然環境，社会的インフラ，制度資本の三つをあげ，医療を金融や法制度，教育とともに制度資本に位置づけている。

また，ハーバード大学名誉教授のケネス・ガルブレイス（2002）も，老齢年金や医療保険，介護システムといった社会保障制度の充実なしで，国民が生活の不安や恐怖から解放されることはありえない，と述べている。

これらの考え方に共通しているのは，医療や教育については，何らかのルールを公的に設定し，そのなかでの競争，いわば準市場での競争といった効率化手法が有効であるという見方である。またこれらの考えから引き出されてくることは，政府と市場の協力関係，もしくは，コミュニティあるいは非営利セクターを重視することである。

このような流れは，社会の成熟にしたがって多様化する個々人の要求に政府が応えられなくなってきていること，あるいは消費者の差別化要求に応えられなくなってきていること，さらには消費者にとってのリスクや不確実性が高まってきているという根源的な問題とも関係している。このような社会に重要なことは，何だろうか。

社会学者の山岸（1998）は，「社会的不確実度の大きな社会では信頼が必要とされているのに対して，社会的不確実度の低い安定した社会で生み出されるのは安心である」と述べている。日本では，信頼度インデックスが低いという結果が出ているが，日本が安心社会であり信頼を必要としなかった，という見方もできよう。すでに何度か述べたように，医療という財自体は消費者にとっては従来の信頼財から経験財や探索財に変化しているが，医療制度自体の信頼を揺るがすような改革や改革案はいたずらに不安を増すおそれがある。医療の世界で失われつつあるものは，医療制度への信頼と，医師と患者の信頼関係ではないだろうか。

●マーケティングは市場と組織のミックス

少し抽象的な話になるが，マーケティングはどんな状況で必要になるのであろうか。唐突だが，経済学が教えるところによれば，資源を分配する（資源配分）手段には市場と組織があるという。

読者のみなさんはびっくりされるかもしれないが，実は医師や医療従事者も資源といえる。冷静に考えてみれば，病院に配置される医師数は規定されているし，何より患者一人に対して医師や看護師が何人配置されるかという問題は，医療制度の根幹の一つともいえる。これで医師が資源であることがわかってもらえたと思う。そして医療従事者は非常に貴重な資源である。

さて，このような資源をどうやって配分するか。ここが重要だ。前述したように，この手段には市場と組織がある。

簡単な例を引くと，医局は組織的に医師を配分し，新臨床研修制度で導入されたマッチング[(3)]には市場を使う。いいかえれば，お互いの関係を重視するのが組織であり，関係より技能や条件を重視するのが市場である。

では，マーケティングはどちらか。両者のミックスである。たとえば，自分の病院によい医師に来てもらおうと，大学病院の医局に頼みにいく場合を考えよう。これは行為としてはマーケティングの行為である。一般的には，医局と病院のあいだには関係が築かれている。しかし一方では，急に医師が必要になったときには，医局以外からも，医師が登録しているデータベースあるいは医師紹介エージェントなどの市場を使って医師を募集することもあろう。

これは医学における例であるが，マーケティングという点からは少しわかりにくかったかもしれないので，別の例を考えよう。患者が病気にかかったときにどこの医療機関を選ぶか。現実には存在しない医療機関データベースのようなものを利用して客観的に病院を選択するのが市場派，知っているかかりつけの先生にかかろうとするのが組織派といえよう。しかし現実には，データベースも参照するが，関係の強さに応じてかかりつけ医を受診するという場合もあろう。

結論としては，日常の多くの行為は市場か組織に割り切れるものではなく，両者の要素が混じっているといえよう。そして両者の中間にマッチングがある。その意味でマーケティングの考え方はかなり普遍性をもつのだ。

●マーケティングは交渉機能を果たすか

繰り返すが，マーケティング機能は商品を生産から消費にもちこむ機能である。生産者と消費者を結びつけるには，生産者と消費者の出会いの場を提供することと，価格と数量の交渉が必要になる。場合によっては質の交渉も必要になる。

いいかえれば，マーケティングは品質が消費者にとって明らかになるような手段を提供しなければならない。ここでいう品質とは，「形態，大きさ，色彩，香り，におい，デザイン，原料，製法，出来映え」など，消費者の心のなかでその効用にかかわる属性を意味する。マーケティングにおけるこの働きは，広告や広報，情報提供である。

また商品が複雑な場合には，買い手としての消費者の側にも努力が必要になる。これは，自動車や不動産などの場合と同様に，医療サービスを購入する場合にも当てはまる。

これら，価格，数量，品質の三要素は交渉によって左右される。これがマーケティングの考えである。そこで，この交渉力が依存関係によって左右されるという考え方が，資源依存モデルである。つまり，購入者Ａが提供者Ｂに依存している度合いが強ければ強いほど，Ａの交渉力が弱くなるというモデルだ。これは，まさに市場による交渉といえる。一方，ＡがＢに完全に依存しているが，お互いの信頼関係で置き換えようとするのが組織である。ここに，「市場」に信頼という「関係性」を貫き通すのがマーケティングであるという考え方が提唱されている。すなわちマーケティングは，市場メカニズムを活用しつつ，「関係性」に入り込むことによってこそ市場メカニズムからの自律化をもくろむのだ。

●日本の消費者は価格以外のシグナルに従う

日本では医療は公定価格なので，価格は医療サービス購入の要素としては大きくない。また大きくならないように設計されている。では何が医療サービス購入の要素であろうか。経済学では価格のほかに質を重視している。第６章で触れたように，最近では価格面を気にする人も増えてきているが，まだまだ少数派である（無視できない数になってはいるが)。患者には多くの情報が届けられるようになってきてはいるが，医療サービスは情報の非対称性が強く，患者のサービスに対する選択能力は限られている。また患者個人によりサービスの結果にばらつきが生じるために，客観的な品質の評価が困難である。したがって，医療機関の選択も患者の主観的な評価に偏ってしまいがちである。主観的な評価は口コミの評判に大きく左右される。患者に病院のファンになってもらい，よい評判を口コミする伝道者になってもらうための手段としてマーケティングが重要性をもつ。

2018年の受療行動調査（図９－１）によると，消費者は入院や外来など医療機関受診の際に，現在でも「家族・知人・友人」からの情報を重視しているようだ。日本経済新聞の調査でも，医療に関しては「家族・知人」からの情報を参考にしている。すなわち口コミである。しかしこの口コミ情報は医療機関の客観的な評価ではない。現段階で医療サービス消費者は，自分で探して医療機関を選んでいるといえよう。

ここで，口コミにも関連するブランドの意味を少し経済学的に考えよう。ブランドは情報が非対称な状況でのシグナリング機能を果たし，評判によって無駄な探索を減らし，取引費用を削減する効果がある。

上原（1985）はブランドについて，非排他的なもので非競合性をもち，外

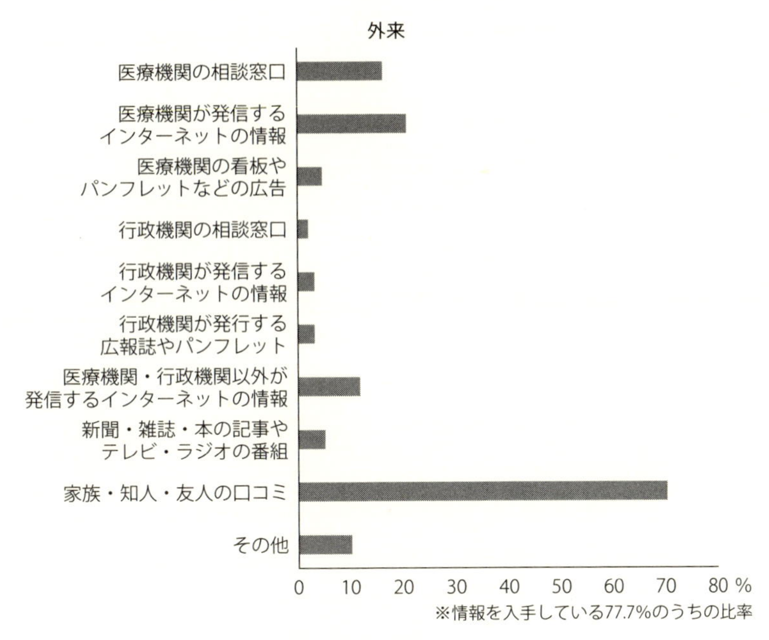

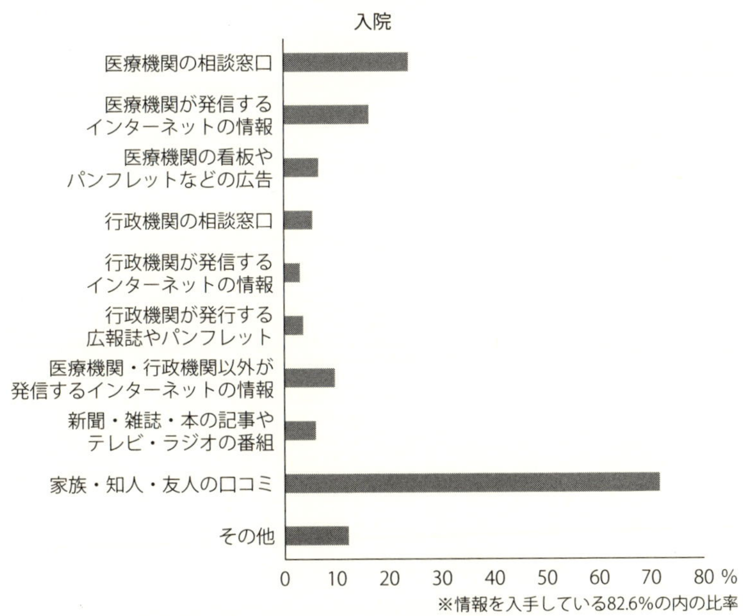

図９－１　医療機関にかかる際の情報入手先（複数回答）（厚生労働省，2018）

部性をもつために公共財であるという考え方を提唱している。また品質を保証するものがブランドともいえよう。

筆者が以前から主張しているように，国際的にみたときに日本で医療費が低いのは，医師の過重労働と，医師・患者間の取引費用の少なさによる部分が大きい。いいかえれば日本の医療システムは「組織」的である。逆の例は米国である。医療情報や認証機関が氾濫しているために，機会費用を含め市場における取引費用が高いから，医療費が世界一であるともいえよう。

しかし，一方では，「組織」特有の問題点もみられる。それは「不透明性」や「馴れ合い」である。医療サービスに対する消費者意識の向上とともに，あまりに手探り的な選択を強いられる消費者の不満も出てきている。最近の医療情報の増加，情報不足への批判はそれを裏づけているといえよう。その意味で，医療機関による情報公開が求められている。

しかし，逆に過度の情報氾濫は米国のように医療費の高騰を招くおそれがあるので，最適点を求めねばならない。それには客観的かつ適切な指標が必要である。その意味で，日本医療機能評価機構などで客観的な評価が行なわれつつあることは評価できるが，少し公的な意味合いが強い。さらに第三者的な機関も必要になろう。

●医療機関のブランド形成が重要

ブランドの意味

消費者の購買行動においてブランドが果たしうる役割は，大きく分けて三つに要約されるという。少し長くなるが，池尾（1999）より引用しよう。

まず第一は，当該製品をほかの製品から識別する手段としての役割である。消費者は，通常，あるニーズを感じてからそのニーズを充足する製品の購買に至るまでに，自分の記憶のなかから，あるいは外部から，さまざまなかたちで情報を手に入れる。しかし，これらの情報を手に入れ，活用するにあたっては，少なくとも重要な購買候補となる製品については，それらが互いに識別されていなければならない。その識別のための手段として，ブランドは大きな役割を果たす。あるいは，日頃の生活のなかでさほど意識せずに触れる情報によって形成される製品知識も，ブランドによって特定の製品に結びつけられる部分が少なくない。さらに，何らかの理由によってある製品を購入し，それを消費した結果得られる満足や不満足についての情報も，ブランドが識別されることにより，より効果的に次回の購買に活用される。このように，ブランドは，消費者の購買行動において，個々の製品を識別する手段を提供し，消費者は購買の前後に取得される情報をそれらの製品と結びつける。その結果，各ブランドの製品はそれぞれ一定の特徴をもつものとして識別され，購買決定が行なわれる。

消費者の購買行動においてブランドが果たす第二の役割は，いわば信頼の印としてのそれである。消費者は購買にあたりさまざまな情報を取得するが，対象となる製品の種類によっては，消費者がいちいち大量の情報を取得・処理するのを面倒くさがったり，あるいはそれを行なう能力をもち合わせていなかったりすることもある。このようなとき，ある製品のブランドについて，名声や評判などによりそれが信頼できるという情報を蓄積していれば，たとえ現在検討対象になっている製品そのものについては十分な情報がなくとも，そのブランドの信頼性が一つの指針として大きな役割を果たしうる。代替指標としての役割である。たとえば，よく名前の知られた有名ブランドの製品だから信頼できるというのが，これにあたる。

ブランドの役割の第三は，それが有する意味によるものである。これは，ブランド自身がもつ独自の価値と考えてよい。たとえば，このバッグはエルメスだから価値がある，といった具合である。では，なぜエルメスのブランドはある人びとにとって価値があるのだろうか。それは，エルメスというブランドに対して，それらの人びとが一定の意味（たとえばハイセンスとかリッチとかいった）を与えているからである。そして，それらの人びとが特定のブランドに対して特定の意味を認める理由は，彼らが有する文化体系に基づく。もちろん，ブランドが有するこの意味には，消費者に負の価値をもたらすものもある。「あの製品は機能的にはよさそうだが，ブランドが野暮ったい」といった場合である。

若干理論的にいえば，識別手段としてのブランドは製品を特定の認知や感情や行動と結びつけ，信頼の印としてのブランドは認知や感情を創出，変容ないし強化する。また，意味としてのブランドは，製品に付加的な価値（あるいは負の価値）をもたらすということになろう。

さらに，ある消費者が特定の製品を購買するか否かに関しては，その消費者が当該製品の存在を知っているか（知名），そして当該製品を購買候補（想起対象）として認識しているかが，大きな問題になることがある。これらについては，上記の三つの役割のいずれもが，可能性としてはかかわりうる。すなわち，消費者にとって，自分が信頼を置くブランドや高い価値を認めるブランドは，別の製品カテゴリーでの購買においても知名しやすく，また，想起対象にしやすいかもしれない。さらに，何らかの特徴により競合ブランドから明確に識別されたブランドは，購買状況において高い確率で知名され，想起される可能性をもつ。

情報の非対称性とブランド

これらのことを考えると，ブランドは情報が非対称な状況下でのシグナリング機能を果たし，評判によって無駄な探索をやめ，取引費用を削減する効果があるといえる。

ラオら（Rao & Monroe, 1988）は，製品を知らない（熟知度が低い）消費者ほど，製品の内部的な手がかり（成分など）よりも外部的な手がかり（パッケージデザインなど）を用いて品質を推定するという報告を行なっている。これは，本章の最初に述べたように，医療機器の数などが医療機関の代替指標になっていることに対応する。

ジョンソンら（Johnson et al., 2000）は，ブランドイメージと知覚リスク，評価の困難度などの変数を用いて，知覚品質推定についてU字型反応があることを示そうとした。この結果，製品評価がむずかしい場合，簡単な場合，この両方の場合で，ブランドイメージが製品品質の推定に用いられ，逆に製品評価の困難度が中程度の場合，ブランドイメージはそれほど用いられないことがわかった。また，購入関与度（購入についての関心興味度）と製品関与度（製品についての関心興味度）が高くなるほど，ブランドイメージが品質推定に用いられる結果となった。関与度については後述する。

医療におけるブランドとは，中田（2002）のいうように取引費用の節約とライフスタイルの顕示という二つの側面があるものとして考えられる。後者はつまり，よい医療を受けていることを自慢することである。

ブランドの意味と種類

最近，マーケティングの分野ではブランド戦略が重視されるようになってきた。このように大きな意味があるブランドをどう扱えばよいのだろうか。まず，簡単にブランドを類型化してみよう。

①伝統的ブランド：伝統的な工芸や産業の集積地で，技能や原材料が継承されて知名度を高めているもの。例として西陣織，柿右衛門の磁器，灘の清酒，ゾーリンゲンの刃物など。

②製品ブランド：規格大量生産のために知名度が高く，「安心して買える」という印象をつくり上げているもの。消費者の購入の際の抵抗感（意思決定コスト）が少ない点で，ブランド価値がある。例としてマクドナルド，コダック，ソニー，ヒルトンホテルなど。

③知価ブランド：特定の技術やデザイン，または印象によって，通常の生産コストを上回る価格で販売されている有名品。多品種少量生産で，視触覚によって確認できる感動がある点で②とは対照的。例としてエルメス，ルイ・ヴィトン，ディズニー，吉兆など。

関与度とブランド

前述したようにブランドは，情報が非対称な状況下での選択に重要である。これはマーケティング的には次のように解釈される。情報探索の程度や様式および購買努力の程度を規定する要因として想定されるのが，購買時における消費者の購買関与度と製品判断力である。ここで，購買関与とは，消費者の価値体系における当該購買の重要性である。したがって，現象的には，購買関与度は，「購買決定や選択に対して（消費者が）感じる心配や関心の程度」になる。

そしてこれは，図９－２に示すように４つのセルに分類される。医療の場合には，左上のセル，すなわち高購売関与・低製品判断力になるものが多くなる。このセルの購買では，小売店頭での販売員やセールスパーソンとの会

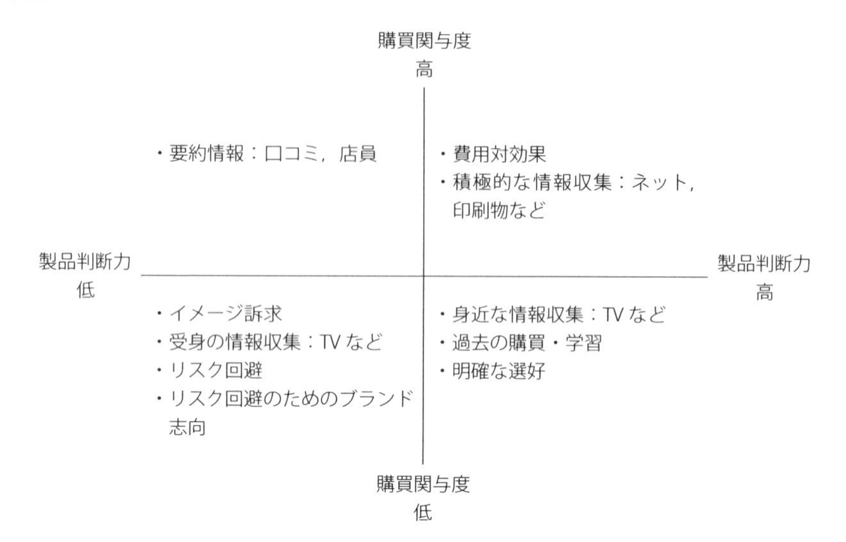

図９－２　購買関与度と製品判断力（真野，2004）

話，あるいは知人・友人・家族等との口コミが有力な情報源となる。なぜなら，双方向コミュニケーションであるこのような人的コミュニケーションは，比較的高い情報探索コストをともなうものの，密度の高いコミュニケーションを通して，消費者のニーズと製品判断力に応じた情報の入手を可能にするからである。

他方で，このセルではリスク回避志向が強くなるため，リスク回避の指針としてのブランドの役割が重視され，購買が，有名ブランドのような特定の製品群に限定される傾向も強まる。そのため，「誰もが知っている有名ブランド」といった地位を確立するための「知名度拡大型プロモーション」も重要になる。

この説明は，現在の日本の医療で生じている大病院といったブランド志向を言い当てているといえよう。

ブランドという考え方の進化

さて，ここで経営の話に戻ろう。そもそもブランドは，家畜に押す焼き印の “Burned” が語源といわれる。つまりブランドは，自分の所有するものを他人のものと区別するための標識の役割を果たしていたのだ。その後，ブランドに関する議論は，米国においても，とりわけ1990年代に入ってから，「ブランドエクイティ（ブランド資産）」に関するものを中心に，大きな高まりをみせてきた。

1990年初頭に登場したブランドエクイティの概念は，ブランドを企業の無形の資産とみなし，それを構成する①認知，②知覚品質，③連想，④ロイヤルティという四つの因子を包括的に維持・強化することの有用性を提示した。ブランドエクイティとは，いわばブランドがもたらす付加価値であり，ブランドの名前やシンボルに結びついた，ブランドの資産と負債の集合と定義される。実際に企業会計では，商標権やのれん代などの価値を算出し，無形資産として貸借対照表に計上している。

現在では，ブランドエクイティからブランドアイデンティティの概念へと発展し，当該ブランドはどうあるべきか，あるいはどのように認知されたいかといったアイデンティティの明確化こそが強いブランドを構築するうえで最重要であるという認識へと進化している。

ブランドマネジメント

そこで，そのブランドをどうマネジメントするかが問われることになる。ブランドマネジメントとは，企業におけるブランドの階層を設定し，個々のブランドのコアベネフィットとポジショニングを明確化しながらブランド体系を維持，強化していく管理プロセス，経営手法を意味する。少し歴史をさかのぼりながら考えてみたい。

企業が一般消費者向けの商品を発売するとき，魅力的な標識となる独自のマークやパッケージデザインなどを使うことは重要である。さらに商品が多くの支持者を集めるようになると，前述したように商品差別化の機能ばかりでなく，その商品の選択が品質や効用を保証するという保証性の機能までももつようになってきた。

こうして発展してきたブランドを，米国マーケティング協会（AMA）では，「ある売り手あるいは売り手の集団の製品およびサービスを識別し，競合相手の製品およびサービスと差別化することを意図した名称，言葉，サイン，シンボル，デザイン，あるいはその組み合わせ」と定義している。

前述したように1990年代になると，ブランドエクイティという概念が提唱されるようになった。つまり「強い商品ブランドは，企業に大きな収益をもたらす有用な資産である」という考え方が，広く認められるようになってきたのだ。そして，ブランドアイデンティティという考え方が登場してくる。それは，ブランドを構築するうえで，「ブランドはどうあるべきか」「ブランドをどのように認知してもらえばよいか」など，アイデンティティを明確にすることが強いブランドの確立にもっとも重要な役割を果たす，という認識である。

このブランドアイデンティティを明確化することが，ブランドマネジメントの第一段階であるブランド「開発」できわめて重要な意味をもつ。

またブランドは，次のような多層的な構造をもち，この階層を理解することがアイデンティティの確立に重要であるといわれている。第二段階としてのブランドの「育成」は，受け手に多数の競合製品のなかから，最初に自社製品を思い浮かべてもらえるまでに認知度を高め，受け手に内容を推測させることによって，送り手が拡張性を発揮できる段階を目指す。さらに，ブランドが確立したからそれで安心かというと，決してそうではない。競合する他社も同じようにブランドの確立を目指して，開発・育成に力を注いでいるからである。また時間の経過とともに，商品としての革新性や優位性も薄らいでくることが多い。安定的に送り手の企業に利益をもたらす期間を長く保てるのか，それとも短い期間でブランドの寿命を終えてしまうのかは，ブランドをいかに「管理」するかにかかっている。医療機関の場合には，短期でブランドが失われることは少ないが，それでも「昔はいい病院だったのにね……」といった形でブランドが失われることもある。

ブランドマネジメントの第三段階に位置づけられる「管理」は，商品としての寿命を長くするために，ブランドを維持・発展させる日常的な活動を指している。とくに商品が代替わりするときなどには，アイデンティティにずれがないかを見直すばかりでなく，むしろブランドイメージがますます高まるように，マーケティングやコミュニケーション活動を展開すべきだ。

一方，医療機関側からの消費者のブランド認知に対する働きかけも重要になる。ブランドとは，ある製品やサービス，それらを提供する知識について顧客と企業が共有する知識であるという考え方もある。述べてきたように，医療においては不確実性と情報の非対称性がある。まず不確実性については，消費者と医療機関が，医療にともなう不確実性を共有の知識とすることで解決をはかるべきであろう。そのうえで，情報の非対称性を補う質の指標としてのブランド形成が重要になる。この視点からは，情報の非対称性が大きいからこそ，医療機関が消費者の選択基準になりうるブランド形成の努力を行なうことが，きわめて重要である。

しかしながら，日本の医療機関の経営行動はこの方向には進んでいない。広告・広報のみがブランドを形成するとはいえないが，医療機関には，日本赤十字社，恩賜財団済生会，国家公務員共済組合が設立しているといった公的なブランド価値をもつもの，あるいは国立や公立といったブランド価値をもつものが多いため，あらためてブランドづくりを行なうことへの関心が低いのかもしれない。しかしながら，国立病院も独立行政法人化され，もはや公的というブランドは医療においても意味が減退している。医療機関の質を反映したブランド構築がなされると，消費者の選択はより適正になる。今後は，医療機関独自の取り組みによるブランド形成が非常に重要になると考えられる。

（1）サービスに対して異なる分類を行なうこともある。近藤（2004）は，コアサービス（サービスの中核），サブサービス（副次的サービス），コンティンジェントサービス（臨機応変のサービス），潜在的サービス要素（顧客が勝手に見つけ出すサービスの要素）に分けている。

（2）米国の著名な経済学者であるポール・クルーグマン（1995）は，資本投入が直接行なわれたためという見方をしている。

（3）総合規制改革会議「重点６分野に関する中間とりまとめ」のなかで，医師の教育改革の項に，「医局の見直し，最先端の医療を提供できる体制を整備することが必要であり，そのためには医師の教育制度改革による人的資源の充実が不可欠である。現在，わが国では，出身大学による閉鎖的なネットワーク（医局制度）により，医師の自由な競争と正当な評価がなされていないといわれる。このような状況は即時改革し，出身大学（医局）にとらわれない広域での医師と病院をマッチングさせることを可能とする方策の検討が必要である」とされた。

（4）広告は特定のスポンサーをもち，媒体を通して伝えられるコミュニケーション。広報は対象物に関して商業的に意味のあるニュースを公の媒体に掲げさせるコミュニケーションを指す（グロービス，1997)。

第10章

マーケティング戦略で医療の変化を乗り切る

――選ばれる医療機関になるために

●医療の変化に対応するマーケティング戦略とは

第９章では，日本の医療にもマーケティング思考を適用する必要性について考えた。本章では，マーケティング戦略との関連で医療に起きている変化を取り上げよう。

最初に，変革に対応するマーケティング戦略を考えながら，医療機関の誰にマーケティング思考が必要かを検討していこう。

医療改革では何が主眼とされているのか。医療人にとって重要なミクロの立場からいえば，まず医療をサービス業としてとらえなおすことだ。たとえば眼科という診療科は，一般外科などに比して，患者に治療効果がわかりやすいという特徴がある。その意味では，眼科はサービス業としての考え方がもっとも重要な診療科の一つである。あくまで消費者である患者の視点を忘れないことがポイントになる。

ICT の普及につれて，適切な ICT の利用も重要になるし，研修医の研修義務化により医師確保の方法も変化する。経営学では，このような組織（この場合には病院）の外で起き，かつ経営に重要な意味をもつ外部の環境を分析することが重要視されている。そして外部環境分析は，とくに以下の場合に重要となるという。

①より強い，また異なった外部の力が決定に影響しているとき

②組織，産業がより市場主義的になっているとき

③外部環境が組織の資本配置，意思決定に影響するとき

④予想していない外部環境の変化により以前の戦略が変化するとき

⑤産業内の競争が激しくなっているとき

⑥過去に立てた予想，プランに満足できているとき

あえて強調するまでもなく，上記のすべてが現在の病院経営にあてはまるであろう。それぞれを順番に考えていこう。

①より強い，また異なった外部の力が決定に影響しているとき：これはまさに，現在であろう。すなわち，小泉改革から始まった規制緩和の流れである。この流れは，従来の厚生労働省より強い力として，旧来の医療に襲いかかっている。

②組織，産業がより市場主義的になっているとき：先の小泉改革と規制緩和は市場原理に基づいた医療改革であったし，安倍政権も基本的にそれを踏襲しているので，それ以降の医療・介護・福祉市場は，より市場主義的になってきている。そこにICTの普及が拍車をかけている。そもそも病院がここまで収益を求められる時代になったことが市場主義の表れといえよう。しかしICT化一つをとってみても，もしほかの産業のようにICT化を進めるのであれば，きわめて費用がかかるので，費用をどうやって捻出するか，という方策が必要になる。

③外部環境が組織の資本配置，意思決定に影響するとき：医療機関の立場からいえば，このような変化を敏感に見通し，資本（お金）を介護施設にあてたものが有利になってきた。こうした意思決定を戦略的に行なうことが重要である。たとえば循環器科の場合には，シネアンギオ（血管造影X線診断）などへの投資判断，眼科の場合には，近視矯正手術であるLASIK（レーシック）の機器への投資判断などがこれにあたる。

④予想していない外部環境の変化により以前の戦略が変化するとき：これ

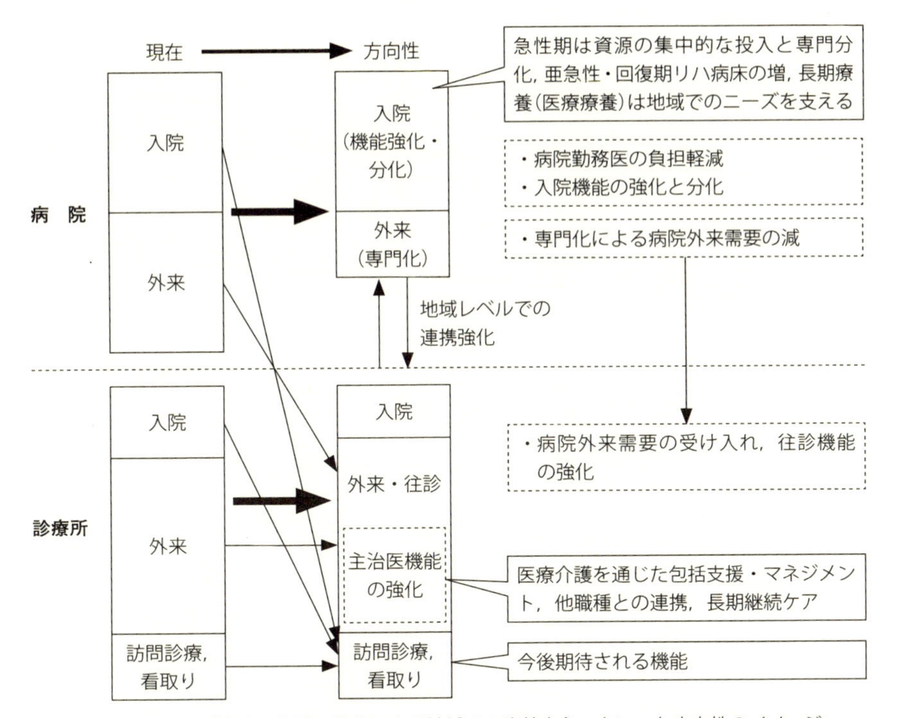

図10－1　医療・介護提供体制の現状と将来像のイメージ（社会保障国民会議資料）

も，以前の小泉内閣の成立や民主党政権の成立を考えれば明らかだ。誰が政権交代を予見していたであろうか。小泉改革以後の規制緩和はある程度減速したにせよ，市場化の方向に向かっていることは間違いない。

⑤産業内の競争が激しくなっているとき：ここは二つの視点がある。一つは医療機関の競争で，もう一つは医師の競争だ。医師は医療機関の経営の要である。まず医療機関同士の競争であるが，図10－1のように病院や診療所の役割が明確化されていく。医師数については，図10－2を見てほしい。現在は医師不足ということで，医師は引く手あまたであるが，マーケティング思考で考えれば，将来の人口減少時代を見据えると，現在の状況に甘んじているわけにはいかないだろう。

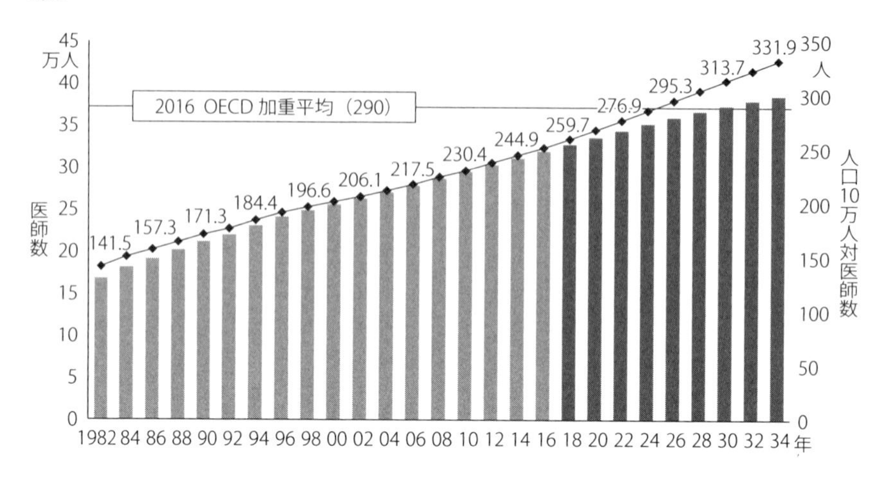

図10－２　日本の医師数の推移（2018年以降は推計）（厚生労働省資料）

⑥過去に立てた予想，プランに満足できているとき：これは，ほかの五つの視点とはまったく異なる逆説的な示唆である。唯一，今の状況に当てはまらないものかもしれない。過去に立てた予想は，どの病院でも大きく変化しているはずだ。

以上の現状分析から，大きな転換を迫られている状況であることがわかったと思う。次に，どうやってマーケティング戦略を立てるかを簡単に紹介したい。

●「プッシュ」か「プル」か

マーケティングの手法を「プッシュ」と「プル」の二つに分けることがよく行なわれる。プッシュはセールスパーソンなどを使って積極的に消費者に対して売り込みをはかることをいう。駅前の広場にキャンペーンの幡を立てて，はっぴを着た営業マンが声をからしてプロモーションを行なうなどがその代表である。冷たい言い方をすれば，その時間にその場を偶然，通りかかった人が商品やサービスに興味をもっているかどうかはまったくわからない。たとえ立ち止まったとしても，冷やかしの可能性も高い。

プルのほうは，最終消費者に対してセールスパーソンなどを介さずに働きかけて需要を生み出す方法をいう。メディアを利用したコマーシャルや看板広告，ダイレクトメールに対する問い合わせをしてきた相手へのセールス，商品展示会に来たお客への販売などである。

この二つは，商品やサービスに興味のあるお客を選別しているかどうかの点で大きな違いがある。たとえば，マンションの展示会にわざわざ足を運んできた人は，よほどあからさまな冷やかしでないかぎり，商品に興味をもっているお客と考えて間違いないであろう。

医療機関で行なわれるマーケティング手法は，原則的にプルのほうがよい。インターネットもこのプルにあたる。ただ，プル戦略にはまずその医療機関の存在を知らしめなければならないという点で，時間と費用がかかる。

いずれにせよ，患者さんに選ばれる医療サービスしか生き残れない時代を迎えつつある。「近くにある」という理由以外で選択されねばならない。

●マーケティング戦略をどのように策定するか

マーケティング戦略策定は，以下の手順で行なう。

（1）理念の明確化

戦略とは，その拠って立つ理念と表裏一体の関係にある。米国流の経営手法では，経営者は理念を明確にし，自社と外部環境のなかでそれをいかに具現化するかに焦点が置かれる。つまり米国の会社は，経営陣がトップダウンで「世の中への問いかけ」として理念を打ち出していく。最近，医療機関においても，理念を打ち出す例が増えてきた。これは病院のみならず診療所でも，またどの診療科でも行なうべきことになろう。

長谷川（2002）によれば，理念（社訓）のつくり方のコツは①シンプルにする，②組織内の意見をできるだけ広く集める，③外部の力を活用する，④ことばづかいや語調に会社の姿勢を反映させる，であるという。

（2）適応戦略の選択：成長・拡大戦略，集約・撤退戦略，現状維持戦略のどれを選ぶか

具体的には，多角化，垂直統合，市場拡大などである。多角化には，関連業種に多角化する場合と非関連業種に多角化する場合がある。米国の例を引くと，1990年代に急性期病院が慢性期病院も兼ねるという関連多角化が行なわれた。非関連多角化には駐車場経営，レストラン経営，保険，製薬などがあり，規制のない米国では80年代に行なわれたが，一般にはむずかしいとされている。日本では規制があり，医療法人や医療機関が行なうことはむずかしい。

垂直統合の例には，ケアミックス型病院の取り込みがある。急性から慢性まですべてのケアを行なおうというものだ。広くいえば関連多角化の一種になる。そのメリットは，①コストの削減になる，②患者による質の高いケアを提供できる，③市場を確保する，といったことがあげられる。

市場拡大は，地域の拡大，あるいは同じ地域で新しいセグメントを狙う戦略である。例として商品開発がある。新しいサービス・商品，たとえば，がん専門，女性専門といったものがあり，とくに大都市で有効とされる。

縮小戦略は，たとえば資金が必要な場合に，ある部分を売却するといった方法である。また，市場が長期にわたり縮小するときに短期で収益をあげるためにダンピングしたりすることもあるが，日本の保険医療機関では行なえない。

現状維持戦略は，過去の戦略が適当なので，そのまま継続する場合である。このなかでも，継続の仕方の改善や，コスト削減，顧客への製品・サービス提供時間短縮，製品・サービスの多様化などに注目する。

（3）ポジショニング戦略の選択：差別化でいくかコスト重視でいくか

医療機関の差別化は，イメージと質から行なうことになる。たとえば，大学との連携で高級イメージをつくりだしたり，地域医療に積極的に取り組んだり，ブランド戦略を重視したりすることで差別化が可能である。大学の教授やマスコミで有名な医師を呼んで手術してもらうといったこともあろう。

コスト重視は，同じような機能の施設数を増やし，１施設当たりの間接費

用を減らす戦略である。前述したようにサービス業としての考え方を強くもたねばならない眼科の例として，自由診療医療であるレーシックでは，施設数を重視し，早期に市場シェアを確保しようとする動きがみられた。

またどの対象に的をしぼるかも，戦略策定の重要な要素である。例としてはリハビリ，精神科，救急，アルツハイマー型認知症に特化することも可能だし，いくつかを組み合わせてのコンビネーション戦略も可能である。

（4）施行：医療関係者へのマーケティング

最後に，医療関係者とりわけ医師に対して，マーケティングが必要だという話をしよう。

過激な言い方をすれば，先進国における医療の歴史は，医師から権限がなくなっていく歴史である。これは英国でもそうだし，米国でもそうだ。たとえば，薬剤の処方権がそのもっともよい例であろう。米国ではナースプラクティショナーが一部の薬剤の処方権をもっているし，英国でもそうである。世界的に，チーム医療が重視されているともいえよう。

しかしそうはいっても，医療機関のなかで医師の指示で動くものは多い。その意味で医師が働きやすい環境を整えることも重要だ。米国では，医師が働きやすい（この場合，独善的ではなくチームとしてという意味）環境が整えられている。たとえば，代行入力者という，医師が口述する記録をタイプで打つ職能をもつスタッフも病院内に存在している。

さらに，患者満足度（CS）を改善しなければならないが，従業員の満足度であるESも改善しなければならない。実は，このESは最近の経営学では従業員の生産性を向上させ，組織へのロイヤルティ（忠誠心）を改善するといわれる。いいかえればロイヤルティには，「顧客ロイヤルティ」「社員ロイヤルティ」「株主ロイヤルティ」があるというのだ。もちろん病院は株式会社ではないので，株主をステークホルダー（利害関係者），社員を病院職員と読みかえればよい。

イェール大学のハロルド・ブルームは，個人の動機づけに関して期待理論というものを考えている。つまり個人の動機づけは，努力すれば得られる報酬への期待，努力が報酬につながる確率，報酬の主観的な魅力からなるというのだ（田尾，1993）。

一般的にサービスを向上させるとスタッフの負担が大きくなりやすいといわれる。給与や職位でスタッフに報いることがむずかしい公共機関，病院では，どのようにスタッフ（とくに医者）のモチベーションを高く保ち続けるかが今後の課題ではないかと思う。使命感だけではバーンアウト（燃え尽き症候群）を起こしかねない。スタッフや幹部へのストレスケアを行ない，組織風土が固まる前に仕事へのコミットメントを生み出し維持していく仕組みを取り入れていくことが，当初のコンセプトを保ち続ける方法ではないか。実際，バーンアウトは看護師に非常に多いといわれる。

こういったこともお互いがマーケティング思考をもつことで大いに改善される。逆に，マーケティング思考が組織構成員に徹底されなければ，せっかくのマーケティング戦略もうまく実施されない。

●どこで付加価値を生み出すか

次に，医療機関全体の活動にマーケティング活動がどのように位置づけられるかを考えてみたい。

ハーバード大学の経営戦略論の大家であるマイケル・ポーター（1985）は，価値連鎖という考え方を提案している（図10－3）。この考え方自体は目新しいものではないが，十分病院経営に応用できると考えられる。彼はまた『医療戦略の本質』（ポーターら，2009）という共著を出版し，みずからも医療経営の問題点を指摘している。ここでは，顧客にとっての価値を総合的なものであると考え，「医療の成果／使った費用」で表されるとしている。

価値連鎖は，提供するサービス・商品がどこで付加価値を出しているのかを分析する方法である。図に示した一つのブロックはほかとの競争において優位性の源泉になる活動で，主要活動と支援活動に分けられる。主要活動はポーターの考えるコスト優位性とサービス差別化の根源であり，持続的な競争優位性をつくる源泉である。

これを医療に適用した私案を図10－４に示す。製造業とは異なるので，患者主体に構築しなおした。手術をする場合もそうでない場合にも適用できる

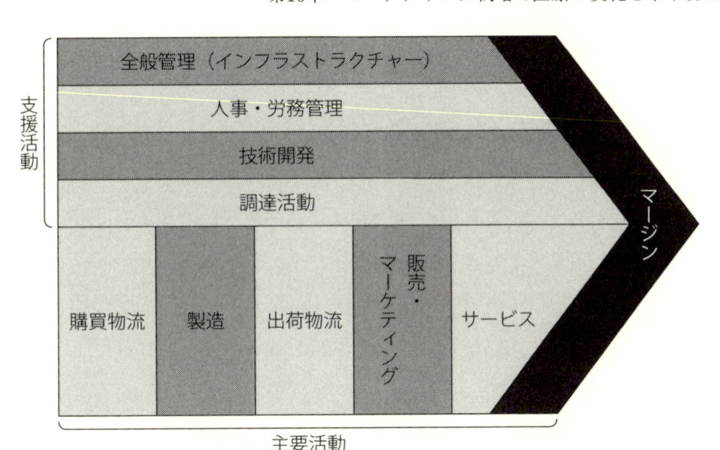

図10－3　価値連鎖（Value Chain）（ポーター，1985）

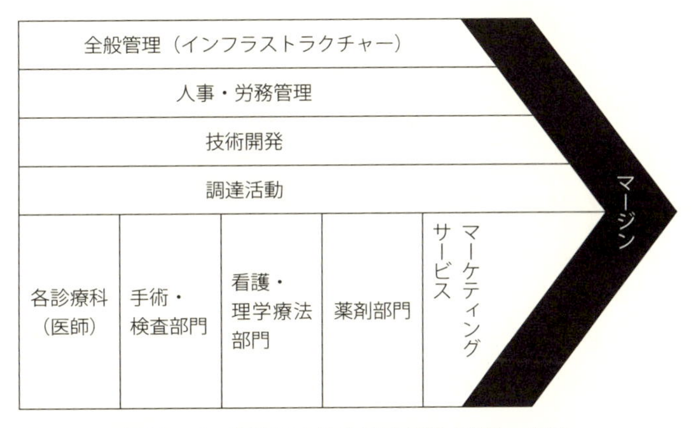

図10－4　医療における価値連鎖（真野，2000）

と思う。また，マーケティングサービスには自宅などでの保健指導を含む。

たとえば軽度の糖尿病の場合，マーケティング戦略はどうなるか。この場合には患者教育，保健指導，投薬が中心なので，各診療科，看護部門（保健指導・患者教育）と投薬で価値が大きく増える。マーケティングサービス部門も重要である。一方，虫垂炎の場合は診断，手術が中心なので，各診療科と手術部門で付加価値が大きく増す。再発はありえないので，マーケティングサービス部門はその患者への対応がほかの患者への波及効果をもつ，あるいは他疾患で同じ患者が来院するような戦術を心がける。

●CRMと関係性マーケティング

カスタマーリレーションシップマネジメント（Customer Relationship Management：CRM）とは何であろうか。企業と顧客の関係性は，モノやサービスを売る販売活動だけでなく，顧客の情報収集活動や，事後的なサービス活動などの前後の過程を含んだ顧客との関係構築・維持にかかわる活動としてとらえられる。企業は，顧客との接点を大切にし，顧客満足を獲得するために属性やニーズなどの履歴データをきちんと管理し，随時そして長期にわたって的確に対応しなければならないといわれる。顧客との接点を大切にするこの考え方は企業だけでなく，医療機関にも当てはまるのではないか。まず，企業でのCRMと医療関連のCRMについて対比しながら考えてみよう。

CRMは，企業がインターネットや電話，さらに販売活動などを通じて獲得した顧客のデータに基づき，顧客のニーズにかなう個別的な購買への提案を随時行なうことを意味する。顧客データを管理し，顧客とのあいだに1対1の良好な関係を作り上げるマーケティングといえる。

企業では，以前から，百貨店の外商が得意客の誕生日に合わせて花束を持っていったり，宝石店が誕生日や結婚記念日に向けて貴金属の購買を促したりということがあった。また，オンラインの購買で，ユーザーの誕生日に手数料を無料にするというサービスがある。これも，顧客の属性を把握し，それに基づいた的確な対応をとることによって長期的に良好な関係を築こうというものである。

医療機関向けにCRMを導入する際に，「CRMは戦略を含む概念である」「CRMは単なるコミュニケーションを改善するためのシステムではない」ということを理解するとともに，CRMの導入に際しては，その目的を明確にしたうえで，どのような役割をCRMに与えるかを事前に検証することが重要である。

CRMの活用により医療機関と患者とのあいだの信頼関係構築に貢献する

ことは，医療機関へのCRM導入の契機になると考えられる。医療では患者と医療機関のあいだに情報の非対称性が存在し，その情報格差を補完する要素として「信頼」が考えられる。CRMには情報の非対称性を解消するような情報提供能力のほか，患者や医療機関の状況に応じたOne to Oneサービスの提供を可能にする機能が備えられている。

新規患者の増加と，既存患者の維持（健康維持につながる）に向けて，ヘルスケア業界は，患者との良好な関係を保つCRMの導入を始めたほうがよいのではないか。たとえば，歯科で行なわれているように患者の40歳の誕生日に「中年になっても健康でいるための情報」を送付したら，効果があるのではないか。

今後は，予防医学の視点から，こういった予防情報を事前に顧客に提供する，疾病になる前に介入するというCRMサービスがさらに広がっていくであろう。そして筆者は，CRMと類似性をもつと考えられる特定保健指導の考え方を導入すべきではないかと考える。

●リレーションシップマーケティング

CRMにもう少し顧客の視点を導入し，マーケティングとして解釈すると，リレーションシップマーケティング（関係性マーケティング）になる。久保田（2012）は，「リレーションシップ・マーケティングとは，顧客との間に『リレーションシップ』と呼ばれる，友好的で，持続的かつ安定的な結びつきを構築することで，長期的にみて好ましい成果を実現しようとする売り手の活動である」としている。リレーションシップマーケティングは，組織間もしくは顧客間の関係性に焦点を置き，顧客とのインタラクティブな価値を共創し，関係性を構築していこうとする考え方といえ，結果的にこの活動は顧客満足の達成につながる。そしてこの満足の積み重ねが顧客との長期的な関係を実現すると考える。

そして，新規顧客を獲得するコストは既存顧客を維持するコストより高いので，コスト削減が可能であり，関係性が構築された顧客はほかにスイッチされにくいという経済面でのメリットもある。

●サプライチェーンマネジメント

同じように重視しなければならない考え方に，サプライチェーンマネジメントがある。少し長くなるが，『生産財マーケティング』（高嶋ら，2006）から引用してみよう。

「サプライチェーン・マネジメントと呼ばれる概念は，従来，完成品メーカー，部品サプライヤー，流通業者といった各企業が一企業内で管理してきた物流機能を，企業間の枠を超えて垂直的に統合し，管理していこうとする考え方である。調達物流と販売物流を一企業内で統合し効率化を目指すのがロジスティクスといわれる概念であるが，サプライチェーン・マネジメントは，それをさらに企業間の統合的ロジスティクスとして発展させるものであった。ロジスティクスの目標は，商品の適時適量の配送にあるが，需要の不確実性に対しては，従来，在庫がバッファーとしてリスクを吸収する役割を果たしてきた。しかも，チャネル構成員の各企業において，市場の不確実性から生じる売れ残りリスクを他企業に在庫リスクとして転嫁するということがしばしば行なわれてきたのである。しかし，そのような在庫リスクの転嫁では，全体としての最適化・効率化が達成できないため，各企業が在庫をできるだけもたないような統合的で効率的な在庫管理がめざされることとなった。すなわち，生産財メーカー，完成品メーカー，流通業者は，拡張されたチャネルの構成員として，タイムリーな部品や原材料の供給による調達在庫量の削減，在庫配置計画を通じた多様な注文に対する迅速な配送対応といったことを挙げ，情報システムを利用した効率的な供給連鎖（サプライチェーン）の仕組みを形成することがめざされている」

さて，医療界ではどうであろうか。

●変化する消費マインド

ただ，この価値というものが誰にとっての価値なのかによって判断が分かれることがある。マーケティングは生活者の視点が中心なので，その視点でみれば，今までの話は変わってくるのではないか，という反対意見も予想される。ここで，視点を少し変えて価値について考えたい。

最近では，生活価値あるいは顧客価値という概念が提唱されている（堀内，2010）。価値が生まれるのは，モノではなくコトから，といってよいだろう。また，同じタイプに分類された２人の生活者は，あらゆるものの消費において同じ行動をとると期待されたが，そうではなくなっているのだ。近年の生活者は，場面や状況によって，行動する原理――たとえば，プロダクトの選択基準――を使い分ける，いわば「一人十色」になってきているとの指摘である。

すなわち，顧客価値が生まれるのは，所有，プロダクト，グッズ，購買，銘柄選択ではなく，使用経験や消費活動においてであり，これらは個別性が強いのである。

今日的な消費マインドを形づくっているものは，近藤（1999）によると，①時間感覚重視，②利便性重視，③個性化充実化重視，④体験重視，⑤合理性重視の五つであるといわれる。

簡単に説明しよう。①と②は似ており，簡便で早いものを好む，ということだ，食事を考えればわかりやすい。ファストフードの隆盛がまさにこの象徴である。③はブランド製品の売れ行きが好調なのをみていただければわかる（もっとも，日本では集団心理，簡単にいいかえれば，ほかに負けまい，あるいは一緒でいたいために購入するという仮説もある）。④と⑤は関連がある。つまり，納得のいく消費をしたいということだ。

さて，このような消費者に消費意欲を起こさせるにはどうしたらいいのか。一つの鍵が，これまで述べてきた顧客満足である。

●消費者行動とマーケティング

前にも紹介した米国マーケティング協会（AMA）によると，消費者行動とは「認知と行動と外部で起こることのダイナミックな相互作用である。それらの相互作用を通じて，人間が生活していくうえでの交換を行なっていく」と定義されている。この定義において重要な二つの点をみてみよう。

第一に，消費者行動はダイナミックなものであるということである。このことは，個人の消費者・消費者のグループ・社会が，時間を通して変化することを意味する。たとえば，お金を出して水を購入することが一般的になったことなどがこの変化の一つとしてあげられる。

第二に，この定義には情緒・認知・行動の相互作用が含まれているという点である。これは，消費者を理解してより有効なマーケティング戦略を策定するためには，消費者が何を考えているのか，どのように感じているのかを考慮しなければならないということである。

このように，病院で患者が得られる価値をさまざまな視点をもって考えれば，マーケティング思考が活躍する場は増えていくだろう。

●医療関係者の誰にマーケティング思考が必要か

次に，医療従事者の対外的なマーケティング思考について考察してみたい。ある医療関係者の体験談を最初に記そう。「ハワイ島に，世界有数の医療機器メーカー，メドトロニックの創立者の一人であるベッケン博士の個人寄付基金をもとに設立された，患者さん中心の理想の病院を目指すノースハワイコミュニティホスピタルがあります。ハワイ州の招聘でその施設を見学しました。そのときの説明に，『ハイテク&ハイタッチ』という言葉が使われていました。最新設備，最新技術と，患者さんが中心となった最高のキュア&ケアの触れ合いとの融合・実践という意味です」

この言葉に示されているように，今後の医療には，ハイタッチ，いいかえれば高度なコミュニケーションスキルが重要になる。

実は，マーケティング思考はすべての医療従事者に必要だ。なぜなら，マーケティング思考とはコミュニケーションスキルでもあるからだ。

患者との揉めごとも，①医療従事者が患者の何を求めていることに無関心（自分の仕事中心），②コミュニケーション技術の不足，が原因のことが多い。実際，医学教育のなかでコミュニケーション技術は重視される傾向にある。

OSCE（オスキー：客観的臨床能力試験）という，普通感冒や虫垂炎あるいは軽傷の縫合など実際にプライマリケアの場で出会いそうな患者への共感力や対応能力を測る試験が，学生の教育に導入されてきている。OSCE では，模擬患者がいる複数の「診察室」を学生がまわり，問診や診察，人形への心臓蘇生法などを行なう。素早い判断と正確な技能が備わっているかをみるほか，患者の訴えによく耳を傾け，わかりやすい説明ができるか，患者を尊重し，信頼感をもたれる態度，接し方ができるかなど人格面も重視される。OSCE で評価されるコミュニケーション能力は，自己紹介する，視線を相手と同じ高さに合わせる，イエス・ノーで答えなくてもよい質問から始める，患者の痛み・苦しみを理解・共感できるよう努める，問診終了時に相手に説明する，といったコミュニケーションの基本といえる内容なのだ。

こうしたコミュニケーションの対象には，意外な疾患の患者もなりうる。たとえば高齢者，とくに認知症の患者さんはどうだろう。このようなレッテルを貼られた高齢者は自分のことを勝手にまわりに決められてしまう。言葉で自分の考えを述べられるともかぎらない。なかには行動で（その多くは「問題行動」「異常行動」とされる）自己表現するしかない人もいるが，それでも「対話」を成立させていくことが必要な場合もある。これもコミュニケーションなのである。

「そんなことを言われてもねー」という人がいるはずだ。実際に患者に触れ合う機会がない医療従事者の声である。たしかに実際に顧客に接する機会のない従業員は，どこの組織にもいる。医療機関のなかではたとえば検査技師の一部などがこれにあたる。こういった人にマーケティング思考が必要なのか。

その必要性を明らかにするのは，組織内マーケティングという考え方だ。これは組織外の人のみならず組織内の人も顧客であるという考え方である。つまり患者に直に接することがない，検査技師のような場合には，検査データを提供する医師が顧客になる。またその検査データが院内感染を恐れる看護師からの要請であれば，その看護師が顧客になる。

このように考えれば，マーケティングの重要な考え方の一つである顧客志向は，すべての医療従事者に必要なことがわかってもらえると思う。

●医療における「真実の瞬間」

「真実の瞬間」とは，顧客が企業の提供するサービスに接する瞬間のことである。コンサルタントであったリチャード・ノーマンによると，「闘牛士と傷ついた牛が，今まさに向かい合って牛に細身の剣で最後の一刺しを与える瞬間」であるという。つまり，企業が顧客にサービスを提供して，顧客を虜にし，その顧客を企業の熱心なファンにすることのできる瞬間である。この考え方で経営危機を脱したスカンジナビア航空の経営者ヤン・カールソンがこの言葉を使って有名になった。この言葉自体がシンボリックで意味があるのだが，実際「真実の瞬間」を活かすことはそれほど簡単ではない。一般のサービスマーケティングの場合，従業員は以下の役割を果たす必要があるとされる（近藤，2004）。

①カウンセラー：顧客の要求を明確化する

②コンサルタント：提供可能なサービス内容についての情報提供

③メディエーター：サービス企業と顧客の仲介

④プロデューサー：サービス提供プロセスの演出

⑤アクター：サービス提供の実行

医療従事者の場合にはこれと若干異なり，以下の六つの役割をこなさなければならない。

①カウンセラー：顧客（患者）の問題点を明確化する

②インフォーマー：提供可能なサービス内容についての情報提供

③メディエーター：サービス提供者と顧客（患者）の仲介

④プロデューサー：サービス提供プロセスの演出

⑤アクター：サービス提供の実行

⑥コンサルタント：顧客（患者）の問題点を解釈する

このうち，①のカウンセラー機能は患者に接する看護師や医師の得意分野でもあるので，あまり異論はないと思う。②もインフォームドコンセントについてなので，重要だ。ここでは，⑥のコンサルタントを単なる情報提供のみならずソリューション（解決策）を積極的に示していく存在として位置づけている。

③のメディエーターは，最新話題になる医療連携でも重要だ。もし自分がその役割にふさわしくないと判断されれば，躊躇せずにほかの専門家を紹介しなければならない。

④プロデューサーの「サービス提供プロセスの演出」も重要である。医師のなかには，「病気が治ればいいんだ」とばかりに，ぶっきらぼうな人もいる。しかし，一方では「病は気から」とか，逆に悪名高くなってしまった「ムンテラ」のように，言葉や雰囲気での治療も重要だ。その意味で，医療従事者はプロデューサーにならなければならない。もちろんプロデューサーの役割はそれだけではない。患者が望む医療を受けることができるようにアレンジすることも重要である。

元ハーバード大学の李（2000）は，次のように述べている。

「私の指導医は，プロの医師としての五つの必須条件を『医者は五者でなければならない』という言葉に要約した。五者とは，

▽学者（科学的に正しい医療が提供できなければならない）

▽教育者（疾患と治療に対し患者が理解することを助けなければならない）

▽役者（必要とあれば，患者を相手に怒ったり悲しんだりしなければならない）

▽芸者（ややもすると落ち込む患者の気持を明るくしなければならない）

▽易者（患者の病気についてその将来を正確に見立てなければならない）」

ここにも，同じようなコンセプトが現れている。

●３分間の幸せを求めて

東京大学の伊藤（2004）は，消費者は「３分の幸せ」を求めている，という。３分間というのはたとえで，いわばささやかな幸せという意味だ。すな

わち，究極の夢として，人はパリのセーヌ河畔のトゥールダルジャンで，素敵な恋人と一緒に会話とワインを楽しみたいかもしれない。しかし，それはなかなか叶わないので，東京のホテルニューオータニのトゥールダルジャンで食事を楽しむ，それも叶わなければ，自宅においしいワインを買って帰り，家族で楽しむであろう。最後の楽しみ方のポイントは，継続が可能だということだ。

また，スターバックスでもそうだ。東京のアークヒルズの１階のスターバックスコーヒーを訪れる客の多くは，マイカップをもってくるという。つまり，禁煙で落ち着いた環境とそこそこおいしいコーヒーを求めて，人はスターバックスのリピーターになるのだ。

満足という概念にも注意が必要だといえよう。これはコアサービスに当てはまる考え方ではないが，面白いので紹介しよう。つまり，人は満足してどうなるかということだ。たとえば，超高級すき焼き店で大枚をはたいて食事をしたとする。消費者は満足するが，もうしばらくは（もしかしたら一生）その店に行こうとは思わないかもしれない。一方，吉野家の牛丼ではどうか。同じ牛肉であるが，満足すればまた食べに行こうと思う。この差である。医療の場合にも，次に病を得た患者に「また行こう」と思われる，という視点で患者満足を追求しなければならない。

●患者に満足してもらうには

本書でも何回か顧客満足度について取り上げた。本章の最後に，そもそも顧客満足度とは何かを考えておきたい。マーケティング的には，競合他社と比べた満足度は，顧客が感じる製品・サービスに対するクオリティを表す。とくに低成長時代には，顧客が感じる製品・サービスに対するクオリティが重要視される。その意味では現在は，顧客満足度が重視される時代といえる。

図10－５を見ていただきたい。ここにあるように，何かを購入するということは，買い手の知覚価値が支払い価値を上回ることが条件になる。この知覚価値というところが重要で，絶対的な価値でないことに注意を払ってほしい。ここで，先に「プロデューサー：サービス提供プロセスの演出」が重要

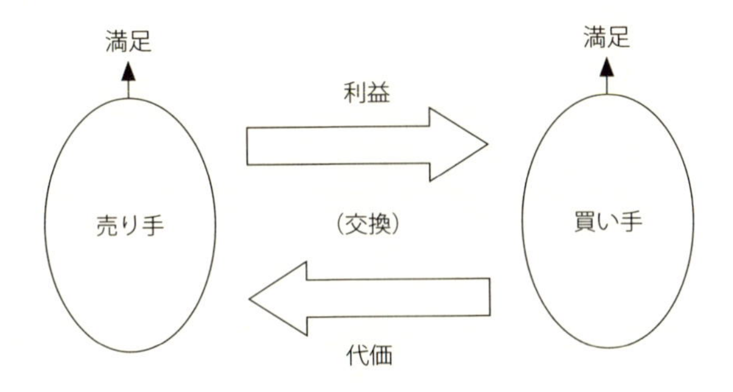

図10－5　交換（嶋口充輝の資料を改変）

と書いたことを思い出してほしい。

さて，その顧客満足を得るためには何をすればよいのか。ここでは，組織としての対応でなく，一人ひとりの対応について考えよう。

顧客（患者）には，以下の態度で接することが重要である。

①顧客の立場から状況を把握する
②礼儀正しく，ていねいな言葉使い
③安心感を与える
④顧客の自尊心を尊重する
⑤公平の原則を守る

①から③はわかりやすいが，④の自尊心を尊重することも，決して忘れてはいけない。ただでさえ，患者は医療機関に来たということで，自尊心を失っている。治療方針の決定に際しては，患者の意思を尊重することが重要だ。

⑤の公平のいちばんよい例は，診察を受ける順番である。救急患者ならともかく，自分のほうが先だと思っていたのに，別の人が先に診察を受ける，これは不愉快なものである。こういったことがないようにすること，あるいは適切な説明をすることが重要なのである。

第11章

患者満足度を高めるために

●注目される患者文脈

第９章と第10章では，日本の医療にもマーケティング思考が必要であり，適用できることをみてきた。そのなかで何回も登場してきた顧客（患者）満足という考え方について，本章では医学的な話題との関連で深めてみたい。

医療経済学者ドナベディアン（Donabedian, 1966）は，一般産業界における顧客満足という概念は，企業の収益性を向上させるためのツール，すなわち企業の間接的成果目標であるという。一方，医療機関における患者満足概念は，それ自体が評価の対象となりうる直接的成果目標であると主張している。つまり医療機関においては，一般の営利企業以上に，顧客（患者）満足は重要な概念なのである。

「はじめに」でも述べたように，日本は医療サービスに対しての満足度が低い。ここを改善していかなければ，日本の医療が世界一だと胸を張ることはできない。

現在，医療において，とくに医師・患者関係を考えるうえで，「物語性」

や「文脈（コンテクスト）」といったことが注目されている。たとえばカルテであるが，実はカルテにおいてもこの文脈という考え方は重要だ。患者は物語を語る。したがってカルテも物語のはずだ。その物語の構造とか解釈が重要になるという視点である。

ナラティブ・ベイスト・メディスン（NBM）について，この分野で代表的なグリーンハルら（2001）の書物から，少し長くなるが引用しよう。

「人間はそれぞれ，自分の『物語』を生きている，ということができる。『病気』もその物語の一部としての意味をもっているのだが，一般の医者はそれを無視してしまって，『疾患名』を与えることで満足する。しかし時にそれは，その人の物語の破壊につながってしまう。それでも，その疾患が医学的に治療可能な場合，まだ救いがあるが，治療が不可能な場合や，高齢者のケアのようなときは，それらの事実をふまえて，患者がどのような『物語』を生きようとするのか，それを助けることが医療のなかの重要な仕事になる。ここで大切なのは，そのような『物語』を医者や医療スタッフが見つけ出すのではなく，患者がみずから生み出してくるのを受けいれる態度が必要なことである。このような態度を養うためには教育が必要であり，医学教育も，そうした視点から見直さねばならない。……診断を下すときにEBMが重要であることが強調されてきたが，純粋のEBMというのはありえないわけで，evidenceを見出すときに，医者は半意識的になんらかのnarrativeを心にもっていることが認められる。つまり，EBMとNBMとは相容れぬものではなく，むしろたがいに補完し合うものなのである。診断にもNBMは必要なのだ」

医療は医学という科学に基づくものであるが，それだけではない。そこに，マーケティングの大きなテーマであるコミュニケーション手法が関係してくる。

●日本人のコミュニケーション

筆者のように，外資系企業と日本企業の両方に勤めたことがあるもので，会議の仕方の違いに驚いた人は多いと思う。

欧米企業では，理由づけを重視する“WHY”という質問が多い。しかし，日本企業でのプレゼンテーションは叙述的なのだ。資料の使い方も異なる。欧米企業では，仮に社内会議であってもパワーポイントなどで要点を提示するが，日本企業ではまだまだ紙でこまかく記載した資料をもとに議論する。逆に，こまかく追及するのはほかの権限を侵すことだ，といった考え方もちらつく。

こういった考え方の違いは，もっと敷衍できる。第８章でも述べたが，日本的なコミュニケーションは情緒的なのだ。精神分析の大家である土居健郎がいう「甘え」の構造（2001）である。つまり明示的に表現されない部分も受け手が察する。まさに異文化が入っていない日本ならではのコミュニケーションだ。

また，英文学者・外山滋比古の『日本語の論理』（1987）によれば，この筋道の立て方は，親しさに反比例するという。つまり，親しいもの同士では，筋道がなくても文脈で判断するというのだ。たしかにすし屋でも，刺身を頼むときに「適当にみつくろっておいて」と言うことがある。もっと極端な場合には，「適当に」とか「いつもの」ですます場合もある。マクドナルドと違い，刺身の場合には「いつもの」といっても「いつも同じ内容」とはかぎらない。すし屋のほうで客の好みを察し，その日のお勧め品を出すわけだ。

日米のコミュニケーション比較を表11－１，それを長島と王の違いにたとえたものを図11－１に示す。

こういった文化的背景は，医師と患者のあいだにも当然成立していた。それをすべて西洋的に，「おまかせ医療」はけしからん，と言い切るのも問題であろう。

●医療はヒューマンサービス

ヒューマンサービスという考え方も市民権を得つつある。この言葉は，米国のジョンソン政権が1970年代頃より福祉に目を向け始めるようになってから使われるようになったという。

これは日本では，田尾（2002）が提唱者であり，定義としては，人が人に

表11－1　日米コミュニケーション比較（日経広告研究所編，2002）

日　本	米　国
感情的・感覚的・主観的・非論理的（あいまい，はっきり言わない）→受け手の「察し」に甘えている。ことばへの信頼度は低い。	論理的・合理的・客観的・理性的（言語に頼る，はっきり言う）。 聖書に「はじめにことばありき」とあるように言語を中心。
暗黙的「知」（行間を読む。主観的）	明示的「知」（だれが聞いても同じ。客観的）
例：落語，俳句，茶道 →受け手の「察する」能力が必要。	例：ストーリーテラー →一方的に語り，物語を読んで聞かせる。
日本の居酒屋などで飲む場合などは，「適当にビール３，４本」と言うと，店員が「察して」「適当な本数」受注のあいまい性。	米国のレストランで注文するときなどは，ドレッシングの種類などをいろいろ聞かれて，客自身が明確に決めなければならない。 受注の透明性。Why-Because の関係。
日本人は，（ほぼ）単一民族・単一言語の国であり，「日本人種」ともいえる。	米国は多民族国家であり，「米国人」という人種はない。多民族国家ゆえに，ことばで正しく，だれが聞いてもわかるように，客観的に伝えなくてはならない（明示しなくてはならない）。
「察し」「和」「甘え」「銭湯国家」（仲間は動かず，ぬるま湯的体質） ・「言挙」（ことあ）げを好まない。 ・日本人は「感情」というイメージを好む。	「競争」と「選択の自由」を評価する社会価値観 ・米国に「比較広告」「挑戦広告」が多く見られる理由は，「競争」「選択の自由」というイメージを，米国民は好むからである。 ・米国民は「倫理」というイメージを好む。

対して行なうサービスのなかでも，単に人が提供するというだけでなく，個人の価値観，極端な場合には人格に影響するサービスとなる。すなわち，医療・福祉・教育といったサービスが中核であり，広くは刑務所といったものも含む。

このようなサービスの特徴は，資源が提供者に独占されていること，一般に提供者が強者であること，などがある。逆に，受益者の人権をいかに守るかといった部分が重要な要素になる。

こういった組織ではプロフェッショナルが勤務し中心的な役割を演じるので，プロフェッショナルに対する管理が重要だ。それは，このようなサービス提供者が，行なうサービスに自信をもたなければならないことと表裏一体である。たとえば，自信のなさそうな医師は患者からの信頼を獲得できない。プロフェッショナル中心――これは医療の世界では医師中心を示す。本来こ

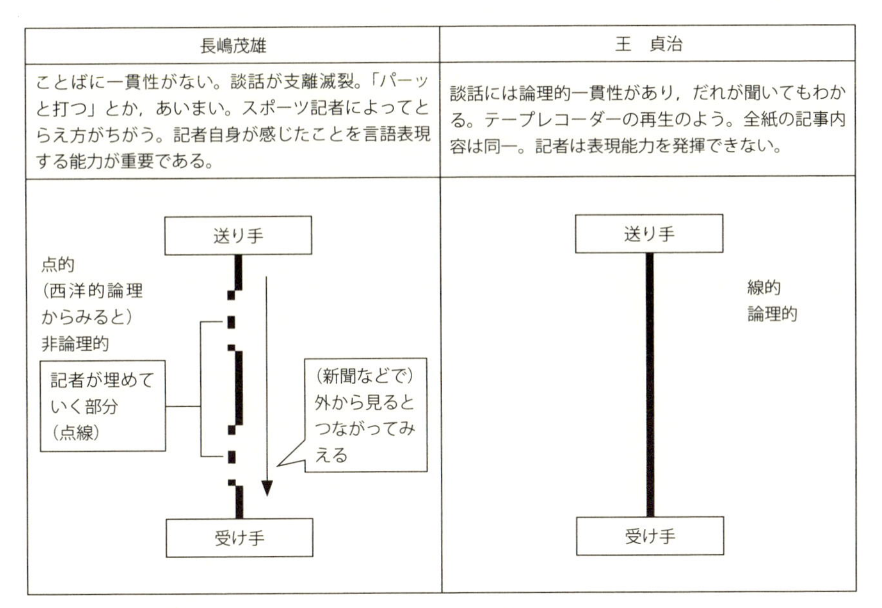

図11－1　長嶋型コミュニケーション対王型コミュニケーション（日経広告研究所編，2002）

の役割はこういった組織の特徴なのだが，現在のようにそれがいきすぎると社会的に批判されてしまう場合がある。

●医療の評価はQOLへ

また，医療の評価という意味では，すでに述べたように，注目される点が医療の結果からその経過や過程にシフトしている。結果的に病気が治癒すれば，連動してその治療の過程も適切であったと判断され，患者も満足して退院する。これに対し，少し極端な表現かもしれないが，慢性疾患，とくに高齢の慢性疾患患者に最終的に待ち受けているのは，病気の治癒というハッピーエンドではなく，死という永遠の休息である。この場合に，慢性疾患患者に対する医療の成果を判断する材料は，その結果ではなく，治療の過程において，日々の生活の充実にどれだけ寄与できたか，QOL（すなわち生命の質・生活の質）をどれだけ向上させたかということになるのではないか。

QOL が重視されることは，医療がより患者を中心に据えたものに変わってきていることを意味する。というのも，QOL の判断は患者一人ひとりの主観的なものであるからだ。最後まで苦しみに耐えながら懸命な闘病生活を続けたことに満足する患者もあれば，治癒の見込みは薄くても病気の症状を抑えるだけの最低限の医療を受けて仕事を続けることに満足する患者もいるだろう。QOL の判断を標準化するのはむずかしいが，たとえば米国の Missoula-Vitas QOL Index と呼ばれる QOL の基準は，症状，身体機能，人間関係，感情・精神面などを患者自身が評価するものである。医師の価値観を押しつけず，患者の満足度を重視することは，より患者中心の医療が提供されているといえる。

患者の満足度が患者の個人特性によって変わる，という研究もある。メイヨークリニックで，患者の満足度とミネソタ多面人格テストとの関係を調べたところ，「ミネソタ多面人格テストで物事を悲観的にとらえる度合いや医療に対する敵対心が強いと判断された患者ほど，医療に対する満足度が低い」との結果が得られた（Costello ら，2008）。こういった性格と満足度の関係は，医療のみならず，ほかの領域のマーケティングにも関連するはずだ。医療の分野では，タイプ A 型性格[(1)]が心筋梗塞など心血管の疾患にかかりやすいといった研究が古くからなされている。このあたりは，次に述べる行動科学との関連で，今後の広がりを期待したい分野である。

●患者の行動変容が決め手

QOL を高めるには，行動科学が重要だといわれてきた。現在のように生活習慣病が主流になると，最終的には患者の行動変容が病気を治す決め手になることも多い。たとえば，糖尿病では食事療法がすべての基本になるが，これを守るかどうかは患者次第のところもある。また禁煙でも同じだ。

しかし，そうはいっても医師や医療従事者が何もしなくてよいということにはならない。患者の行動変容の手助けをしなければならない。

公衆衛生学では，患者の行動変容には，「態度の変容」「知識の集積」「きっかけの存在」が必要だとする。一方，マーケティングという学問の一端を担う消費者行動論には，1920年代に応用心理学の分野で米国のE・K・ストロングが示した，顧客心理の段階を表すAIDAというモデルがある。これによれば，顧客の購買心理は「注意（Attention）」「関心（Interest）」「欲求（Desire）」「行為（Action）」に整理されている。この順で広告などの刺激を見てからモノを買うまでの心理的な流れに乗って消費者が行動するので，この流れにうまく乗せられるような仕組みを作ることが重要である。

また，同じく1920年代に米国のサミュエル・ローランド・ホールが示した広告宣伝に対する消費者の心理のプロセスを示したAIDMAモデルというものもある。これは，概念に時間を取り入れているところに特徴があり，① Attention（注意），② Interest（関心），③ Desire（欲求），④ Memory（記憶），⑤ Action（行動）の五つの購買心理があるとする。

ところで，生活者の効用が増加する通常の財と比較して，医療サービスを購入することはどうだろう。ここがむずかしい。みんなが健康であることを空気のように思っているかぎり，プラスの効用は発生しない。もしかすると運動嫌いの人が運動するのはマイナスの効用が発生しているかもしれない。

通常の消費者行動に比べると，短期的には消費者にとって負の効用である保健行動をとらせることはむずかしい。患者の行動変容の阻害要因には，時間的制約，金銭的制約，協力者がいないといった物理的障害と，現在の習慣を変えるのがいやだといった精神的要因がある。たとえば食事療法であれば，おいしいものを食べたいといった正の効用があるものを変化させるのはむずかしい。

医学は，社会科学ではなく自然科学に属する。したがって医療を行なう医療関係者にもきわめて自然科学的な傾向が強くなってしまう。つまり合理的な判断である。一方では，社会医学という社会科学の学問も別にある。精神医学や心身医学という分野はその中間に位置している。ヘイブンズ（2001）によれば，「学問のまとまりに欠けるという問題をもっているが，それは病理を発生させる原因となる人間がいるという事実に由来している。この事実が（中略）学派間の見解の不一致を強める要因になって」いるということになる。手法も，過程を重視する側面が強い。

第4章で考えたソーシャルマーケティングの手法などは，行動科学に応用

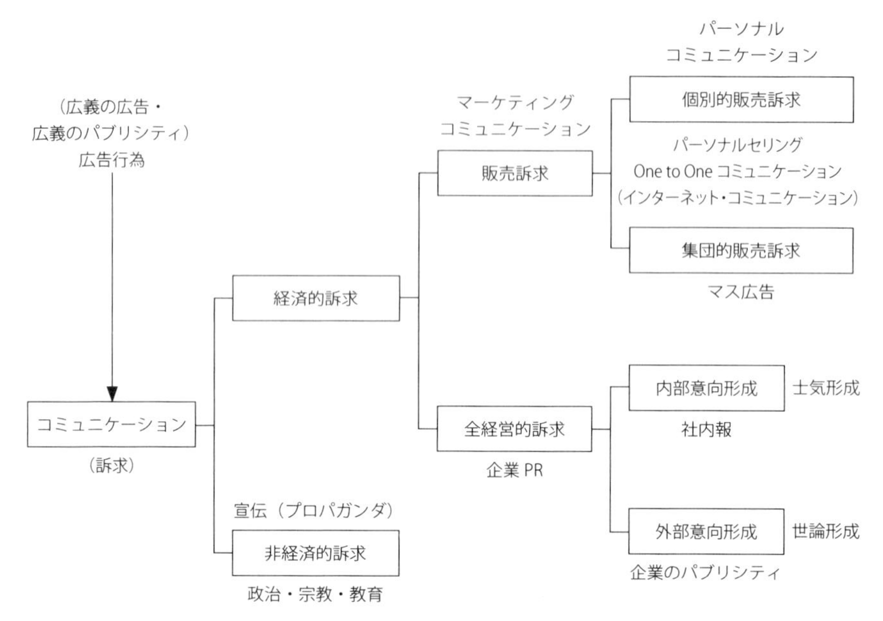

図11－２　コミュニケーション体系（日経広告研究所編，2002）

できる。たとえば，禁煙，エイズ撲滅など，患者や消費者の意識を変えることは，ソーシャルマーケティングの重要な領域だ。

図11－２を見ると，提供者と消費者のコミュニケーションの考え方が，その違いも含めてよくわかると思う。提供者側には単なる販売でなく，士気形成，世論形成といった目的があることに注目していただきたい。

●医療広告と消費行動

ここで，消費者行動の理論を医療に少し関連づけてみよう。はじめに，消費者行動論には，先ほど述べた行動科学的なアプローチと，心理学的な方法があることを確認しておきたい。心理学的な方法というのは，最近注目されているものであるが，消費の意味を解釈していこうというアプローチであり，本章の最初に述べたNBMなどはその流れにあたる。

消費者が消費により自己の目標を満足させ，価値を実現していく過程の研究が，消費者行動の研究である。健康はきわめて重要な価値であるので，この考え方は医学にも適応できるということが，医療従事者であればわかると思う。まさに，医療サービス消費者である患者の生活行動も含めての理解が必要とされているからだ。

ここまで考えると，医療情報の提供と医療広告の違いが明らかになる。すなわち，医療情報の提供は，あくまで消費者の選択行動の補助をするだけであって，何ら行動変容を起こさない。たとえば，広告として情報が提供されれば，そこに広告情報処理の過程が加わる。その結果ある消費行動を起こすのであるから，情報提供とは異なり，医療広告では何らかの動きが生じる。具体的には，どこかの医療機関の受診につながったり，何かの薬剤の選択行動につながる。そこで，社会的厚生の増大という目標に照らして考えれば，医療広告の意味は，医療という財を消費することで生み出される社会的厚生の増加から広告費用を引いたものになろう。概念的にはこれがプラスになれば医療広告の意味がある。ただ，ここで気をつけなければならないのは，日本の場合には医療広告費用の最終負担の多くが公的保険からなっていることだ。つまり，費用を負担するのが仮に製薬企業のような企業であっても，最終的に費用を回収する方法は公的な診療報酬や薬価になる。そしていうまでもなく，診療報酬（薬価）には広告を含むマーケティング費用は加味されていない。

もう一つ気をつけねばならないことは，広告の消費者に対する誤誘導である。日本の場合には判例で，広告媒体は内容について法的な責任をもたない。となると広告主のモラルが鍵になる。その意味では公的団体，医療機関，製薬企業，医薬品卸など，持続性が前提になっている組織は問題が少ないかもしれない。

●医師の言葉の怖さ

ところで，医療のようなヒューマンサービスの組織においては，消費者にとって通常のピラミッド型の組織と異なる大きな特徴がある。たとえば一般の組織から何かを購入したり交渉したりするときには，上司（上長）の権限

表11－２　医師・患者が説明の仕方で感じるリスク度（Kong ら，1986）

表　現	医　師	患　者
ほぼ間違いないでしょう	90±8	86±20
その可能性が高い	85±16	77±23
その可能性が低い	14±11	31±29
まずないでしょう	13±8	31±31
ほとんどないでしょう	2±1	15±23
決してないでしょう	3±1	6±17

表11－３　知識，経験の違いが意思決定に影響を与える（Kong ら，1986）

	抗がん剤治療を受け入れる	
	医　師	患　者
治癒する見込みが１％	20%	53%
３ヵ月生存期間を延ばせる	10%	42%
病状改善の余地が１％しかない	7%	43%

が，現場のものより大きい。したがって，気をつかわねばならない相手が目の前にいる人でないこともよくある。しかし，ヒューマンサービスの組織においては様相が異なる。たとえば警察だと，目の前の警察官が問題であって，警察署長は関係ない。生徒にとっての教師も同じである。校長先生は直接関係ないのだ。これと同じことが医療についてもいえる。患者にとっての絶対権力者は主治医であり，見回りにくる看護師なのだ。

その際，同じ言葉でも医師と患者ではとる意味が違う。表11－２や表11－３を見てもらえば，その差が明らかになろう。医師が２％くらいのリスクを表現したつもりでも，患者側では15%のリスクを感じている。一方，受け取り方のばらつきも患者側は大きい。表11－３では，医師が違う意味で説明していても患者側はそれほど大きな差を感じていないことが示されている。何より，医師と患者で抗がん剤に対する信用度がここまで違うことも驚きである。

●何が病気で何が病気でないか

公衆衛生学でも疾病構造の変化を扱う。図11－３に大きな疾病の変遷を示

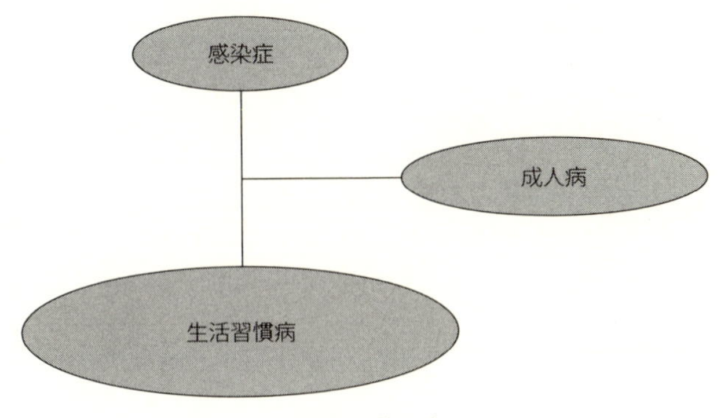

図11－３　病気の移り変わり

した。つまり，感染症の時代から，生活習慣病（かつては成人病と呼ばれた）への移行である。

さらに，村上（1996）によれば，文明が進むにつれて社会の疾病構造が変化するという。主要死因が，Ⅰ期の消化器感染症（マラリアなど）からⅡ期の呼吸器感染症，Ⅲ期の生活習慣病の時代を経て，文明の成熟期には「社会と文明の不適合による死」に移行すると指摘されている。現在の自殺の増加，アイデンティティの喪失などによるメンタルヘルスの問題などは，それをうかがわせる様相である。

何が病気で何が病気でないのかについてどう思っているのかを，医学分野以外の大学教官，高校生，医学部教官，かかりつけ医に分けて問うた結果が，図11－４である。マラリア，結核といった感染症，がん，肺炎や糖尿病は多くのものに病気と認識されている。また多発性硬化症，筋委縮症などの難病もそうである。一方，高血圧，胆石などは，高校生，医学部教官は50％くらいが病気と考えていない。一般に，かかりつけ医のほうが，病気と考える範囲が広かった。

●医療機関の競争相手は誰か

第１章でも述べた，ウォンツとニーズの違いを思い起こしてほしい。第９章で紹介したレビットは，マクドナルドの競争相手を同じようなハンバーガ

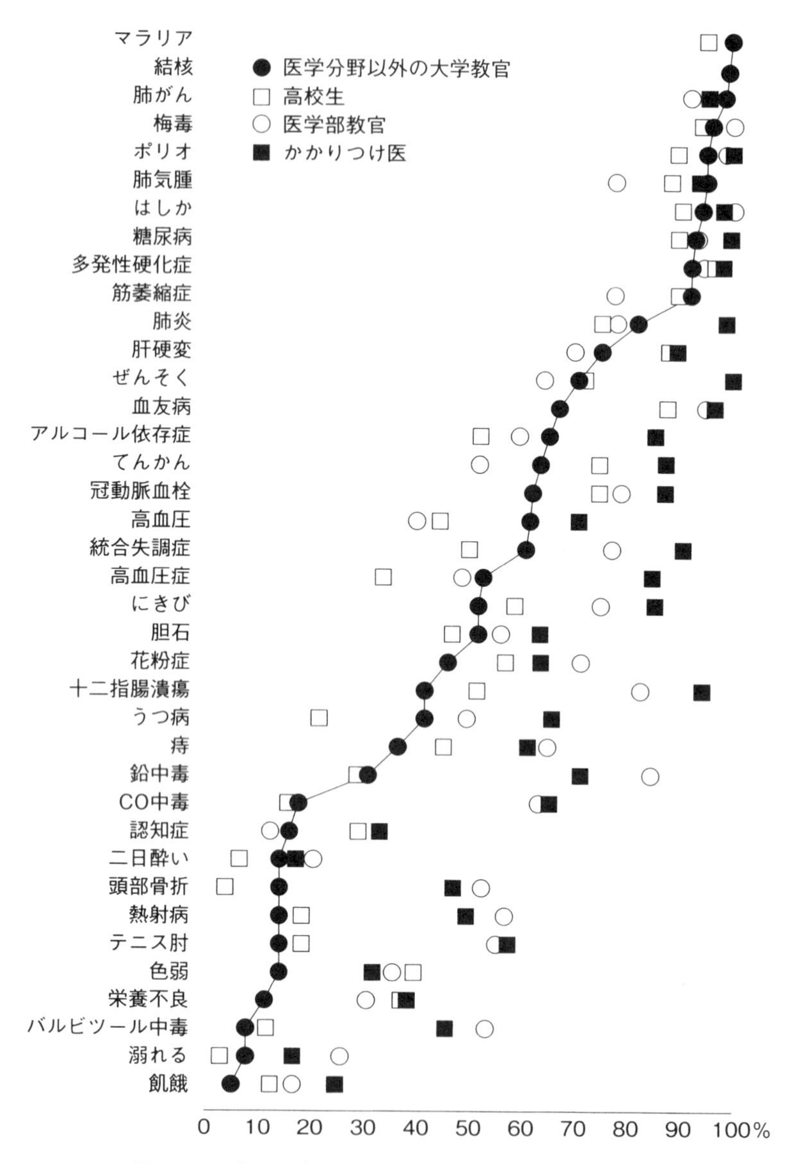

図11－4　何を病気と考えるか（N＝1979人）(Smith, 2002)

ーチェーンと考えると，間違いが生じると述べている。マクドナルドでの消費を望む消費者のニーズは何か。それは安く早く食べたい，というファストフードのニーズなのだ。それがマクドナルドでハンバーガーを買うという方向に向くのがウォンツである。

ほかの例もある。たとえば交通手段だ。東京から大阪に行きたいというニーズがある。それに応える方法は新幹線だけではなく，航空機もある。

この視点でみたとき，医療機関の競争相手は誰か。消費者（患者を含む）のニーズは病気を治したいということだ。手段は問うていない。健康食品でもよいのだ。

もちろん，これは正しいとか正しくないとかいった価値判断はともなっていない。「健康食品など何ら医学的な根拠がないではないか」という批判はもっともだ。しかし，健康食品の市場がすでに１兆円を超えると推計されているということをどう考えるか（富士経済調べ，処方用医薬品市場は６兆円から７兆円)。消費者はそれを望んでいるのだ。

また今，米国で代替医療が普及してきていることには注意を要する。そもそもこの「代替」(alternative）という用語が意味深い。米国では今までの治療法の代替として，漢方医学や，はり，灸などが位置づけられている。

日本の医療機関もこういったニーズに応えるような方策を考えなければならないだろう。最初に述べた患者文脈に応える医療はその一つかもしれない。

●セルフメディケーションとは

最近の消費者の動きとして，さらに一歩進んで，セルフメディケーションという考え方を紹介しておこう。

用語が適切かどうかは別にして，最近の医学・医療をめぐる変化の一つに，ハードメディスンからソフトメディスンへの広がりがある。その動きのなかに，医師に頼らず，みずから学び，みずからが判断して薬局から薬剤を購入して疾病の治療をしようとするセルフメディケーションがある。

セルフメディケーションを行なういちばん多い理由は，「病気や怪我の程度が軽いと思う」であろう。ここでのポイントは，消費者や患者が的確に病状を軽いと判断できる知識の習得である。正確な知識に基づく判断がともなっていないと悲劇を招くことはいうまでもない。

「自分で早く処置して治したい」というのは，「病気や怪我の程度が軽いと思う」という判断理由からすれば，リスクとベネフィットを比較した結果の判断と考えられる。また，「病気の予防をしたい」というのは，まさにセルフメディケーションの領域と考えられる。

消費全般についていえば，消費者は情報や知識が増え，関与が減ったといわれる。知識が増えると消費者による財の選択方法が変化する。つまり，知識があればあるほど選択のときにかかる時間と関与が少ないことになる。

しかし，医療は違う。情報は多くなってきているが，知識として理解されているものは少ない。むしろ高関与になっていると思われる。しかし，高関与になりたくてもなれない患者もいるのが，医療の特徴でもある。

●ヘルスリテラシーと糖尿病

さて，生活習慣病であり，今まで述べてきたことが大きく当てはまる病気の代表例に，糖尿病がある。ヘルスリテラシーとは，医学的指導・説明を読み，理解し，実行する能力である。人種的マイノリティ，高齢者および慢性疾患患者では，ヘルスリテラシーの低い者が多い。しかし，ヘルスリテラシーが病気の進展にどのような影響を及ぼすかについてはほとんどわかっていない。

そこで，生活習慣病の代表である２型糖尿病患者において，ヘルスリテラシーと糖尿病がどう進むかの関連をみた調査を紹介しておこう。

対象は，サンフランシスコ市内の大学関連公立病院プライマリケアクリニック２施設の臨床データベースから抽出した，英語またはスペイン語を母国語とする30歳以上の２型糖尿病患者である。対象者に対して，2000年６月～12月に質問票調査を行なった（Schillinger ら，2002)。ヘルスリテラシーは，Functional Health Literacy in Adults（s-TOFHLA）の簡易テストを用いて評価した。

主要評価項目は，糖尿病のコントロール指標である直近のヘモグロビン

A1c（HbA1c）値とした。HbA1c値が最低4分位に該当した場合を血糖コントロール良好とし，最高4分位に該当した場合を血糖コントロール不良と分類した。また，自己申告による糖尿病合併症も評価した。

患者の社会人口統計学的特性，抑うつ症状，社会支援，治療法および糖尿病罹患期間で補正したうえで結果をみると，s-TOFHLAスコアが1ポイント低下するごとに，HbA1c値は0.02上昇することが認められた。またヘルスリテラシーの低い患者では，ヘルスリテラシーに問題がない患者に比べ血糖コントロール不良者の割合が高かった。さらに，網膜症の報告も多かった。

したがって，結論としてはプライマリケア受診中の2型糖尿病患者において，ヘルスリテラシー低下と血糖コントロール不良および網膜症発症率上昇に関連が認められた。社会的弱者におけるヘルスリテラシーの不良が，糖尿病合併症を増加させている可能性がある。ヘルスリテラシーが低い糖尿病患者の症状を改善する介入方法の開発および評価に積極的に取り組む必要がある。

●糖尿病患者には心理的援助が必要

こういったことも背景にあり，糖尿病患者の心理的側面が調査された（DAWN：Diabetes Attitudes, Wishes and Needs調査）。

この調査は，2001年，世界13ヵ国の患者5426人（1型，2型は同数）を対象に，一般内科医2194人，糖尿病専門医556人，看護師1122人による直接面接あるいは電話による聞き取りで行なわれた。目的は次の六つである。

①患者が糖尿病についてどのように感じ，考えているのかを理解する。

②医療関係者や行政担当者の糖尿病に対する認識を深める。

③糖尿病について心理・社会的側面で改善が望まれる点を特定する。

④糖尿病の効果的な自己管理を妨げている心理・社会的要因を国際的なレベルで特定し，その解決法を探る。

⑤医師，看護師および行政担当者の判断材料となる情報を提供し，国の糖尿病ケアプログラムの発展に貢献する。

⑥糖尿病ケアに携わるグループ間で連携強化がとくに必要とされている分

野を特定する。

その結果は次のとおりであった。

・糖尿病発症の心理的影響：１型糖尿病では，「憂うつになった」「自分の人生がどうなるのか不安になった」と感じた人が50％以上にのぼった。２型糖尿病では，自己管理ができていなかったことへの罪悪感を覚えた人が50％近かった。

・ウェルビーイングと効果的な自己管理：ウェルビーイング質問紙（WHO-5：機嫌がよい，元気である，流動的などの質問）を使った調査では，約30％の患者が，ウェルビーイングが悪いと答えている。低いウェルビーイングは，効果的な自己管理に悪影響を与えていた。

・糖尿病患者の心理的問題に対する医師・看護師の態度：半数以上の医師は，患者への心理的援助が必要であると感じているが，実際には提供できていないのが現状である。患者が心理的援助を必要としているとの認識はとくに看護師で高かった。その後，日本でも，インスリン治療を適切な時期に開始するためには，医師・患者双方に存在する心理的障壁や課題を明らかにし，それを克服する方法を考える必要があるという考えのもと，医師約200名によるDAWN JAPAN研究会が設立された。

このように，心理的な要素，コミュニケーションの要素は重要なのだ。忙しい医療機関で実践できている例はあるのだろうか。応用例をいくつかあげておこう。

●マーケティング思考の応用例①心身医学

コトラーは，ニーズの階層化を次のように提示している（コトラーら，2008）。

①明言されたニーズ：顧客が口に出しているニーズ

②真のニーズ：顧客が実際望んでいるニーズ

③明言されていないニーズ：顧客が期待しているニーズ

④喜びのニーズ：顧客が望んでいるサプライズ

⑤隠されたニーズ：顧客が期待する周りの反応

ある意味では，②から⑤のような表面に出てこないニーズを探ることは，精神的な要素がある疾患の解決には欠くことができない。

心身医学と精神医学の区別はむずかしい。医学上の定義によると，胃腸の症状とか循環器系の症状が表面に出ているが，器質的な原因が医学的にみつからないのが心身症であり，その疾患を扱うのが心身医学である。

考えようによっては，疾患，それも心の病気をもっている患者に対してのほうが，健康な人に対してよりも慎重な対応が必要なわけだ。どうしても西洋医学的な価値観，すなわち要素還元主義や身体的見方に偏りがちで，精神的・心理的な部分への配慮が少なくなりがちな医学・医療において，こういった視点をもつのが心身医学といえる。

また，一方では，旧来精神的な要素があまり重視されていなかった疾患にも，メンタルな要素が強調されるようになってきている。たとえば，アトピー性皮膚炎といった病気にも精神的な状況が大きく影響し，家庭内が不和だとアトピーが悪化するともいわれる。逆に，メンタルな部分をしっかりケアすることによって，難治であったアトピーが治るということもある。カール・ロジャーズが提唱したカウンセリングの基本的な心構えである「共感的理解」も，そのままマーケティング思考ととらえてもよいであろう。

このあたりは，患者に一方的に西洋医学的な価値観を押しつけるのではなく，あくまで患者のニーズ主体で考えるマーケティング思考からいえば，心理面を重視する心身医学の診察・治療法は参考になるのではなかろうか。

●マーケティング思考の応用例②プライマリケア

前にも述べたが，キュアからケアへの大きな流れがある。とくにプライマリケアは，家庭環境などをみて患者によって異なるケアを提供する可能性がある点に，純粋に客観的なエビデンスを追求する医学との乖離がある。本書で繰り返し取り上げているコストの部分もそうだし，マーケティングや顧客（患者）満足向上の視点で患者やその家族をケアすることが重要になろう。その点では，スチュワートによる『患者中心の医療』（2002）という本に重要なことが記載されている。スチュワートによる「患者中心の医療の方法」

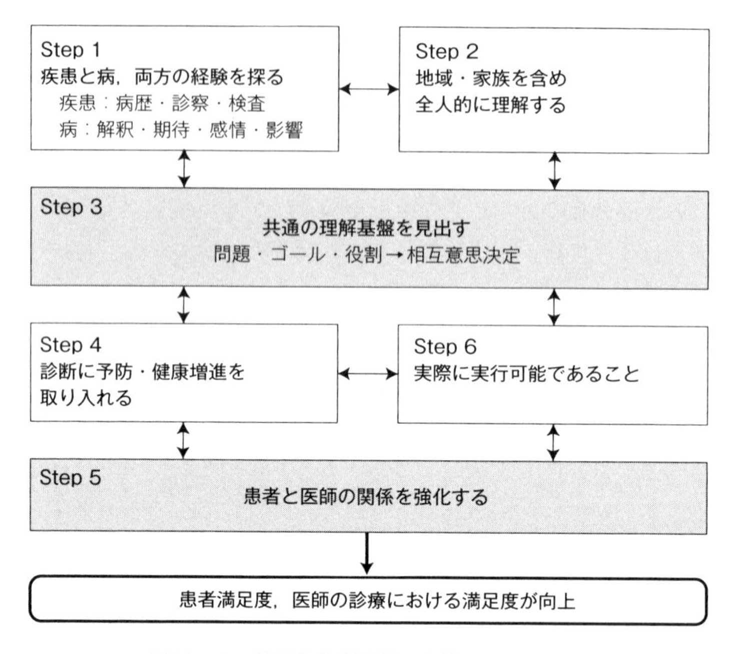

図11－５　患者中心と医師の方法（廣田，2010）

を一部改変した図11－４とその説明を，廣田の『メディカルマーケティング』（2010）から引用しよう。これは六つの要素（ステップ）で構成されている。

ステップ１の「疾患と病，両方の経験を探る」とは，鑑別診断のために「疾患」の徴候や症状を探る一方，患者自身から「病」を理解するために，患者の体験にみずからを「浸す」こととされる。患者への共感ともいえるものである。

ステップ２の「地域・家族を含め全人的に理解する」とは，患者の病気を，患者の生活の場や労働の場でとらえたり，患者のライフサイクル上のステージでとらえたりすることである。生活者，市民としての患者にとって，病気がどういう意味や影響をもっているかを想像することといえる。

ステップ３の「共通の理解基盤を見出す」とは，患者が抱える問題をどう解決するかについて，同じ基盤に立って，医師と患者が考えることである。

治療の目標や方針だけでなく，どう暮らしていくか，そして，そのためには医師と患者がそれぞれどういう役割をもつかなどを理解し合う。

ステップ４の「診断に予防・健康増進を取り入れる」とは，定期的な診察時に，予防と健康増進を体系的に取り入れることで，病気になったら，そのときだけ治療を受けるというのではなく，日常生活のなかで，健康増進を心がける大切さを説明することである。

ステップ５の「患者と医師の関係を強化する」ように努めることが，治療効果に結びつく。これには，患者の精神的側面を理解することも必要とされる。

ステップ６の「実際に実行可能であること」という表現はわかりにくいが，一言でいえば「現実的になる」ことである。どの患者にも最適な医療を提供するには，時間とエネルギーの配分をよく考えなくてはならない。また，医療には限界があることを，医師も患者も認識することが必要となる。

以上に引用したような視点をもつことで，プライマリケアにマーケティング思考が導入できるのである。

●マーケティング思考の応用例③アドヒアランスの向上

かつて医療の分野ではコンプライアンスという言葉が使われていた。「服用コンプライアンス」「服薬コンプライアンス」などと使用し，この場合「処方された薬剤を指示に従って服用すること」を指した。いずれも「要求に従うこと」を意味する点では同じである。

それに対してアドヒアランスは，患者が治療に能動的に参加できること，患者が実行可能な治療内容であることを包含した概念であるという。アドヒアランスという用語，概念についての認識は「第12回日本エイズ学会総会（1998年12月11日～22日）サテライトシンポジウム」において初めて取り上げられたものであると考えられる。患者のセルフケア能力，社会心理的な状態，患者―医療関係者の人間関係などを重視したもので，コミュニケーションを重視しているといえよう。

医療費の高騰が日本と同様に問題になっている米国では，この問題は早く

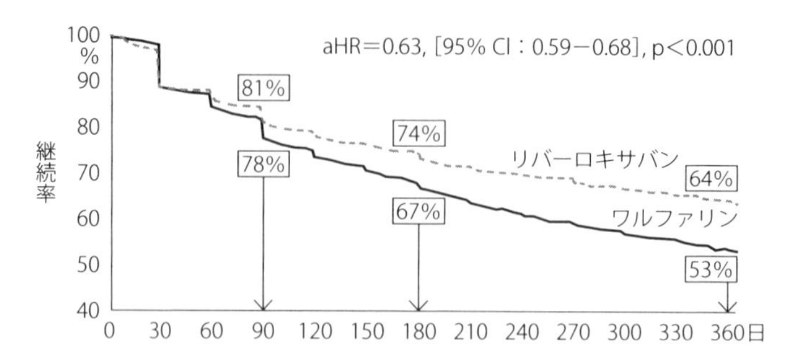

図11－5　リバーロキサバンとワルファリンのアドヒアランスの比較（Nelson，2014）

から取り上げられていた。2009年３月に発表されたPhRMA報告書（Just what the doctor ordered-taking medicines as prescribed can improve health and lower cost.）や各種報告書によると，米国における服薬アドヒアランス不良による医療費損失は毎年1000～3000億ドルにのぼると述べられている。

図11－５に示すように，脂質異常症に対する代表的な薬剤であるスタチン系製剤のリバーロキサバンとワルファリンでは，急速に内服の継続率が落ちており，この維持のために，各種の介入やマーケティング手法が必要とされている。

●マーケティング思考の応用例④国際的な第三者評価を取得

最近では，ブランド戦略の一環でもあるが，第三者の認証をとる動きも起きてきている。

その一つに診療所や療養病院，介護施設でも取得が可能なJCI（Joint Commission International）の認証がある。鴨川にある亀田総合病院は，この認証を日本で初めて2009年８月に得た。

JCIはTJC（The Joint Commission）の一組織であるJoint Commission Resources（JCR）に属している。TJCとは何かといえば，第三者の視点から医療機関を評価する民間団体であり，1910年代にハーバード大学外科医のコッドマン教授が，「自分が行なっている診療行為を，第三者的立場にいる外科の専門医に評価してもらいたい」と考えたのが設立のきっかけといわれる。設立に際しては，米国病院協会や医師会，米国厚生省のサポートもあったが，独立した第三者組織である。2009年においてTJC全体の職員は4000人であり，全米の病院の80％，病床数でいえば95％をカバーしている。

現在では，日本でもJCIによる認証組織が増加し，2019年２月には日本でJCIに認定された施設は29施設（うちクリニックが２つ，老人保健施設が１つ）となった。全世界では1082施設にまで広がっている。

こういった動きは，医療の質の向上と密接に関連がある。これ以外にも米国では，医療の質を測定・評価し，医療の質を向上させようという動きがある。たとえば2001年３月には，米国医療の質委員会（IOM）の最終報告が出された。その視点は，安全性，有効性，患者中心志向，適時性，効率性，公正性の六つであった。

JCIの動きもこういったほかの組織の動向とリンクしている。日本でもQI（臨床指標）を測定し，病院同士で比較（ベンチマーク）する動きが始まり，普及してきている。

こういった動きには，医療の質を向上させると同時に，第三者評価でブランド価値を高めるという側面もある。

●マーケティング思考の応用例⑤ PXの重視

近年では，顧客の経験が重要とされるようになってきた。サービスとの接点における顧客の感情を把握し，オペレーション改善やマーケティングに活かそうというCEM（Customer Experience Management）の考え方が浮上している。CRM（Customer Relationship Management）が顧客の購買履歴等，利用者の行為を管理しようとしているのに対して，CEMは顧客経験，すなわちサービスプロセスにおける顧客の感情を重視する（Schmitt, 1999; Meyerら，2007など）。

多くの経営者や実務家は，CEMの考え方は経験的に重要だと考えているものの，顧客感情の把握と記録には困難がともなう。データ収集や研究手法が確立されていないため，研究蓄積も少ない。藤川（2006）は，顧客経験データの収集法を実務の事例を中心に整理し，研究の進展に期待を寄せている。

体験評価に関する実証研究は主に，認知心理学の分野で発達してきた。カーネマン（Kahneman, 1999）は「体験評価は概ね，Peak-End Ruleが適用できる」という法則性を見出している。すなわち，全体評価（Remembered Utility）は，Peak（最高のまたは最悪の時間）とEnd（終わり方）でほぼ決まってしまい，体験時間の長さや，苦痛や快適さの平均値はほとんど全体評価に影響を与えないという法則である。

一例として，苦痛をともなう医療検査（結腸内視術）がある。苦痛な時点で終わるよりも，そこまでは同じ経験でも，さらに長くより痛みの小さい経過をたどって終わるほうが全体評価は高くなることが示された。また，繰り返す場合も，長時間の苦痛に耐えねばならない後者の経験を選ぶ傾向があることを実験によって確かめられた。

このように，患者の主観的な満足度を高めることが必要な時代になってきている。

近年では，患者経験（PX）という考え方が生まれてきている。医療界ではまだあまりなじみがないが，他業種ではすでにユーザーエクスペリエンス（UX）という考え方が拡がっている。PXは，「患者が医療サービスを受けるなかで経験するすべての事象」と定義される。

サーベイの仕方も工夫がなされており，患者がいつ，どこで，どういった経験をしたのかを問う。たとえば「ナースコールを押してから看護師が来るまでどのくらい待ちましたか？」といった客観的な「経験」を問うスタイルである。

諸外国では日本と異なり，こういった患者視点の指標を政府も評価している。日本と診療報酬の仕組みは違うが，英国では2002年からPXの調査が行われ，プライマリケア領域においてはPay for Performance（P4P）の仕組みのなかに組み込まれている。米国も，メディケアの費用償還制度のポイントとしてPXが組み込まれている。そもそも高額な医療サービスを提供している米国では，患者中心思考が日本より強く，本書でも述べたクリーブランドクリニックが中心になってPXのサミットを行い，普及に努めているし，日本でも普及の動きがある。

（1）タイプA型性格とは，効率的でいつも急いでおり，怒りやすく攻撃的で活動的な性格。

第12章
新しい医師・患者関係を求めて

●医療サービスの三つのポイント

最後に，今まで考えてきたことを振り返りながら医療マーケティングについてまとめてみたい。

医療サービスを消費する場合には，消費者にとって三つのポイントがある。それは，コスト（かかる費用），アクセス（かかりやすさ），クオリティ（質）の三つである。この三つのポイントをすべて満たすのが理想的な医療制度である。しかし現実には，それはなかなかむずかしい。たとえば，本書でもみてきたように英国ではコストがかからないことが最重要視され，アクセスとクオリティの優先度はかなり低い。米国では価格すなわちコストによってアクセスとクオリティが変わる。一方，日本では，アクセスがいちばん重視され，次いでクオリティとコストが重視されるといえよう。

実はこれは，ある意味では理にかなったことであった。マーケティングの立場で考えると，日本の消費者には需要の同質性があった。その理由は，日本の国土の狭さ，ほぼ同一民族であり単一の言語を使用すること，所得分布や教育レベルの平準性，集団調和主義という社会的価値観，戦後の日本経済の復興・成長プロセスによるという。同じ需要であれば，アクセスに優れるほうがよいという結論になるのである。

最近，価格を気にする患者が増えたと第６章で述べた。ここでコストについて考えてみよう。ここでいうコストとは，受診のときに支払うお金のことである。

●受診抑制が生じる

現状では，医療者の側から患者に高い値段を請求することはできない。また，医療機関でかかる費用を中心にした公定価格設定も厳密にはできていない。

これらの点に大きな問題があることはいうまでもない。なぜなら医療に対する満足度の低さの大きな要因に，この二つの問題があると思われるからである。

これを解決するために，たとえば「医療保険のカバーする範囲を広げる（あるいは医療費総額を増やす），しかし，財源には限りがあるので，自己負担も同時に増やす」と考えたとしよう。実際，そのような思想のもとで，患者の自己負担は徐々に増加し，現在では３割自己負担の人が多い。

ところが一方では，国民皆保険の根本をゆるがすような患者の受診抑制行動がみられるようになってきた。

自己負担の増加は，日本の医療の優れた点であるフリーアクセス，さらには，国民皆保険制度の意義の一つである「費用を気にすることなく医師を受診できる」という安心感に影響することを再認識することが重要である。

●対価としての医療

資本主義では市場においてサービスを得る。その意味では，日本では医療サービスも市場において交換されているといってよい。

交換の対価としてお金を支払えば，支払った金額あるいはその価値に見合った要求が出てくるのも自然である。これが患者のコスト意識であり，支払いたくなかったり，見合わないものと考えれば医療機関を受診しない。極端な場合は，対価を支払わない場合もある。

成功か失敗か，正しいか正しくないかは別にして，かなりの部分で患者は消費者，すなわち対価を払ってサービスを受ける立場という意識になっていることを，これからの医療経営は重視しなければならない。

コストの視点から，顧客の満足を下記のように三つに分けてみることができるだろう。

①今顧客が払っている金額に対しての満足：本書でも触れたが，旧来は制度上，患者は経済上の制約なしに受診できるはずであった。最近の傾向としては，抗がん剤や抗リウマチ剤など費用が高くかつ長期の治療が必要な薬剤が増えてきており，高額療養費の上限以下ではあるが年間の支出が数十万円単位になる例が現れている。

②顧客が求めているものに対して支払う金額としての満足：これはマーケットリサーチの部分である。医療関係者にこのようなことをしてほしいという顧客からの要望を満足させることである。この点は支払う側には支払いが多くても問題はなく，要望を聞くシステムがないことへの不満となる。

③支払うべき金額が一定の場合で，競争によって少なくなることに対する満足：たとえば，ドラッグストア内の調剤薬局と一般の薬局での販売価格の差が，一つの例である。最近のドラッグストアではポイント制で割引するところもある。

顧客が自分の買う商品を熟知している場合は，一般的に価格だけで満足が決まってしまうことが多い。ただし，付加価値をプラスすることで顧客の満足度を変えることができる場合もある。

●ふくらむ消費者の期待

ここで，医療サービス消費者の立場に戻ってみたい。では，消費者は何を基準に医療サービスの消費を決めているのであろうか。それは期待である。

前述したように，消費者は医療サービスの消費について十分な情報をもっていない。もっていたとしても，予測困難な場合が多い。だから，期待や想像で安心を求める。

さらに，医療に対しての期待はとどまるところがない。病気を治したいという要求はきわめて大きい。したがって大きな期待を抱く。しかし，医療の技術はそれに十分応えることができない。医療はあくまで確率的に行なわれているからである。

現在の医学では，どのようにして治療が決定されているのだろうか。100％効果がある治療法は多くない。むしろ，がんや糖尿病など，ある人には効果があるが別の人にはない，といった個別性が強い医療が求められる分野が多い。現在，評価できるレベルの成果を示している高血圧や感染症の分野であっても，遺伝子診断をもとにした個別治療のほうが治療や予後に有効であることはいうまでもない。

しかしながら，患者は100％の成果を期待し，医師や医療機関に過大な期待を抱く。そうすると，満足度は期待と結果の差なので，満足度も小さくなるのだ。

消費者の立場からいえば，もう一つ重要なことがある。それは，消費者主権という考え方だ。ハーバード大学のガルブレイスは，『ゆたかな社会』（2006）で，消費者主権は不可欠であると説く。医療の場合には，情報の非対称性が大きいために消費者の自己決定が妨げられている，という話は本書でも何度か取り上げてきた。しかし，ガルブレイスの主張によれば，消費者の自己決定が妨げられているのは，こと医療にとどまらない。

この問題を考えるにあたっては，消費者主権を明確に定義しなければならない。消費者主権は，厳密には消費者が生産者に影響を与えることが可能になり，真に消費者が欲するものが入手できる場合を指す。したがって，消費者が自由に製品を選択できるだけでは消費者主権とはいわない。この場合には消費者選択権という言い方になる。

ここまで厳密に定義すると，医療以外でも消費者主権の確立は非常にむずかしいことがわかる。これは第11章で話題にした，ヒューマンサービス組織では消費者という考え方（すなわち提供者と対等な位置に立てる）がむずかしいといったことと関連しよう。

●信頼を重視するマーケティング

そのような考え方にも多少影響され，マーケティングでも「信頼」という概念が重視されるようになってきた。すなわち，過去の交換を蓄え，かつ将来への期待を帯びた長期継続的な取引や，依存関係の長期化により，より深いコミュニケーションが行なわれるようになり，その結果，当事者間には，金銭的報酬（便益）だけでなく，信頼やコミットメントが生まれるようになったのだ。

「信頼」とは，情報の不確実性があり，そのリスクを認識している状況下において特定の行為を行なう根拠であり，心理的な安心や慣習的な確信とは異なる社会的・関係的な概念である。すなわち，経済学者のケネス・アロー（Arrow, 1963）が指摘するように，医療における医師・患者間の問題を形成している原因の大きなものが不確実性なので，医療における医師・患者関係には信頼が不可欠なのだ。その意味で，マーケティングで「信頼」という考え方が重視されるようになってきたことは，医療者からみれば，マーケティングの考え方が医療に使いやすくなった，ともいえよう。そして，現在の医療の状態は，「信頼」があるとはいえない。むしろ医師のほうが信頼感の欠如を気にしているようだ。とはいえ，患者側にしても３人に１人以上が医師に対して信頼感がないのだから，由々しき事態であることに変わりはない。

この不信感を打ち破るにはどうしたらよいのだろうか。

やはり，キーワードは信頼だと思う。第３章では財の視点から，第９章では制度の視点から信頼を扱ったが，ここで信頼というものに対して，マーケティングの視点からまとめてみよう。

マーケティングでは信頼を，「信頼する当事者が，いつも脆弱性あるいは不確実性をかかえながらも，相手へ進んで依存しようとする行動的意図」（石井ら編，1995）あるいは「交換パートナーのことを誠実で頼れる存在と確信すること」と定義する。

一方，社会学者のニクラス・ルーマン（1990）によると，信頼には制度

（システム）に対する信頼と個人に対する信頼がある。まず個人に対する信頼を考えよう。この場合に情報と信頼は代替的であり，信頼関係によって取引費用や，経済学者の塩野谷（2002）のいう信頼費用が削減され，効率につながる。

とくに医療のようなサービスの場合，情報が完全でないという不確実性をもつ財のため，情報の提供だけでは医師・患者関係を改善することは不可能である。その意味ではマーケティング活動によって医師と患者間に信頼を築くことは，効率的な医療提供のために欠くことができない。

医療従事者が信頼を勝ちとる一つの方法は，マーケティングでいえば過程への注目，医学的にいえば，第11章でみた患者文脈への注目ではないか。

さて，すでに第6章でみたように，米国では医療がかなり混乱した状況になっている。先に区分した医療制度と医師への信頼でいくと，医療制度への信頼はないに等しい状況だ。そうしたなかで米国では，どんな行動が起きているのだろうか。

米国では個別の患者でも，保険償還が受けられないことを覚悟のうえで（自費で支払うことになる），大学病院などの著名な医師の診察を受ける人もいるようだ。この場合に大学病院を選ぶ基準は必ずしも明確ではない。かといって，個人の医師に対する信頼ともいいにくい。強いていえば大学病院というシステムに対する信頼であろうか。第9章で考えた，大学病院というブランドで選んだというのがもっとも的を射ていよう。このことは，米国のように非常に多くの医療情報が飛び交うなかでも，保守的な選択を行なうものもいることを示唆している。

しかし考えてみると，とくに最初の診断や治療方針を決める場合には無数の選択肢があり，これを医師でないものが判断することは，いかに情報が多くとも実質的には不可能であろう。その意味で，米国においても日本と同じく，ほとんどの医療サービス消費者にとっては，医療における情報の非対称は解消されていない場合が多いのかもしれない。これは，医療のもつ本来の性質といってよいであろう。

●プライマリケア・予防医学とマーケティング

生活者の最初のアクセスポイントとして，かかりつけ医によるプライマリケアの重要性が増している。プライマリケアでは，家庭環境などにより患者ごとに異なるケアが必要になるので，マーケティング思考，さらには顧客（患者）満足が，医学の分野のみならず介護等においても必要になるという点が重要であることを，再度強調しておきたい。

ところで，すでに述べたが今後の医療の大きなもう一つの流れは，予防医学である。これは一部はかかりつけ医の役割であるが，一部はもっと広い，社会の役割ではないかと考えている。第４章で触れたが，これにはメタボといった概念の普及にみられるようなソーシャルマーケティングの考えを含むからだ。

国は予防の重要性を説いているが，実は，公的な医療保険制度が充実していない国のほうが，早々に予防医療の重要性が認識されていた。つまり，アジアの国々では健康診断は制度化されていないが，そのかわりに富裕層の健康意識は高く，医療ツーリズムの対象として予防医療や人間ドック，健康増進のためのスパなどウェルネスサービスがあることがよく知られている。

近年では中国などで富裕層のみならず中間層も医療ツーリズムへの関心を高め，正確な統計は見当たらないが，予防や健診を受けるといったことも含めて日本への医療ツーリズムは増加している。こういった動きに対しての対応はまさにマーケティングの領域であって，消費行動の分析の対象になる。

ただし，日本としての考え方は，全国民が享受できる国民皆保険の考え方をベースにし，それを予防医療にも拡張していこうというものなので，金銭的制約があるアジアのほかの国々とは異なる動きになる。

そして，日本の健康度や医療に対する国際的な評価は高い。たとえば，ダボス会議で知られる世界経済フォーラムが発表した2018年版「世界競争力報告」によると，日本の総合順位は５位だった（表12－１）。前年の９位から上昇している。なかでも健康やデジタル分野の評価が高く，とくに寿命の長さを背景に「健康」の評価が最高であったのである。アジアでは香港を上回

表12－1　2018年度世界競争力ランキング

（世界経済フォーラム，2018）

総合順位	国・地域	スコア
1	米国	85.6
2	シンガポール	83.5
3	ドイツ	82.8
4	スイス	82.6
5	日本	82.5
6	オランダ	82.4
7	香港	82.3
8	英国	82.0
9	スウェーデン	81.7
10	デンマーク	80.6

りシンガポールに次ぐ２番目の高さとなった。

医療マーケティングも予防医学との結びつきで大きく発展するだろう。第９章で，医療において顧客あるいは需要の創造が可能かどうかを考えた。予防医学，いいかえれば大きな意味で健康をとらえたときには，顧客や需要の創造は可能になる。

ここで，ドラッカーのいうマーケティングの本質でもある顧客の創造についてもう一度考えてみたい。ポイントは三つある。一つは，生活習慣病対策やQOLの向上。二つ目は予防などと関連する新しい分野だ。三つ目は潜在患者の発掘である。これらについては需要が創造されたし，今後もさらなる需要が創造されるとみてよい。とくに後の二つは今後の大きな課題になる。

生活習慣病対策では，脂質異常症がその例である。製薬会社の三共（現・第一三共）がこの分野の先駆けだ。彼らはこれまで医師にも患者にも疾患としての認知度が低かった脂質異常症という分野について，まず医師の認知度を上げる手法をとった。

昔から知られているブランドをみてみると，新しい市場を開拓した企業の場合には５割以上が30年以上の長命だという。第一三共の抗脂質異常症薬であるメバロチンも特許切れを迎えたが，いまだに国内トップクラスの売り上げを誇っている。骨粗しょう症の治療薬もその例だし，バイアグラはQOLの向上に役立っている。ただこれらの疾患対策をおもに薬剤を使って行なうと，当然，少なくとも短期的には医療費（おもに薬剤費）は高くなってしまう。

また禁煙用のニコチンパックなどは，がん予防対策だ。21世紀の医学は治療から予防に向かっていて，啓蒙活動をうまく行なえば多くの顧客が存在すると思われる。

もう一つは潜在患者（顧客）の発掘であろう。たとえば，爪白癬という疾患がある。要するに爪の「水虫」だが，高齢者などはなかなか治療しないし，気がつかない人も多い。こういった潜在患者を治療に向かわせることが目的になる。この例としては緑内障もあげられる。これらは，みずからの疾患を消費者に気づかせて受診させるので，マスメディアを利用して疾患への認知度を上げる広告を使っている。２点目と３点目は重なる部分もあるが，今後の医療マーケティングのパラダイム変化になるので，後述したい。

これらの広告主体は，現在は製薬企業が中心であるが，もちろん医師や医療機関が直接行なうことも可能である。健康増進法では，「情報提供の推進」が明確に謳われている。なおこういった方法は，すでに述べたように，おもに米国で行なわれている。

このように，最近では医療関連のマーケティングに大きなパラダイムシフトが起きようとしている。これはまさに健康になることを意識しているといえよう。そしてこの予防の部分においては病気という枠が外れ，生活への介入を意味する。すなわち，より一般的なマーケティングの対象になりうるといえる。また，予防以外の部分も拡大するであろう。最近流行りのリラクセーション，マッサージなどには保険は使えない。しかし，利用者は気持ちがよい（効用が増加する）ので，喜んでお金を払っているわけだ。

健康になるための財がどこまで消費されるか。これについてはまさにニーズを発掘・開発し，より高いレベルの健康（精神面も含め）・QOL（健康関連に限定しない）への投資に顧客を振り向かせることができるかが，市場の広がりの鍵になるといえる。ここに今後の医療マーケティングの必要性がみられるのである。

●需要は創造される

経済学では，お金を払って何かを購入する行為は，プラスの効用があると考える。たとえば，お金を払ってブランド品を買えば嬉しいだろう。生活者の効用が増加する。しかし，医療サービスを購入することはどうだろう。ここがむずかしい。みんなが健康であることを空気のように当然と思っているかぎり，プラスの効用は発生しない。水はどうだろうか。少し前までは，お金を出して水を買う人は珍しかったが，現在ではそうではない。このように考え方が変化してくると，年間30万円も（おそらく自己負担はわずかで）医療費を使える日本人は，幸せなのかもしれない。しかし先ほど，医療に対する自己負担額が大きくなってきていると述べたように，限られた所得のなかで何に使うのか，あらためて考え直さなければならない面もあろう。

松井証券の松井道夫社長は，その経営理念について，従来は顧客を囲い込む「顧客第一主義」だったが，今後は顧客にサービスを提案・提供する「顧客中心主義」に変革するべきであると述べている（「経営情報化サミット2001」）。

顧客中心志向でよくいわれるのが「ニーズ」と「ウォンツ」である。カスタマー対応マーケティングとして，①反応型マーケティング：明確な市場ニーズ主導での対応，②先制型マーケティング：予測がされる市場のニーズでの対応，③ウォンツ型マーケティング：市場創造型（潜在需要を考えた戦略）の三つが提唱されている。このうち③が望ましいことになる。

このように顧客＝患者と考えると，患者のニーズとは，常に見えるまた予測できる市場であるが，ウォンツ型マーケティングは今まで考えつかないレベルのサービスを提供することである。これが，前述した顧客志向から顧客視点へという変化である。したがって，マーケティングの戦略は，次のように時代によって変化する。

従来のモノ不足経済のマーケティングの基本は，4P 戦略（Product, Place, Price, Promotion）が中心であった。しかし，バブル崩壊後には経済状況が変化し，現在はモノ余り経済といわれ，マーケティング戦略としては3R

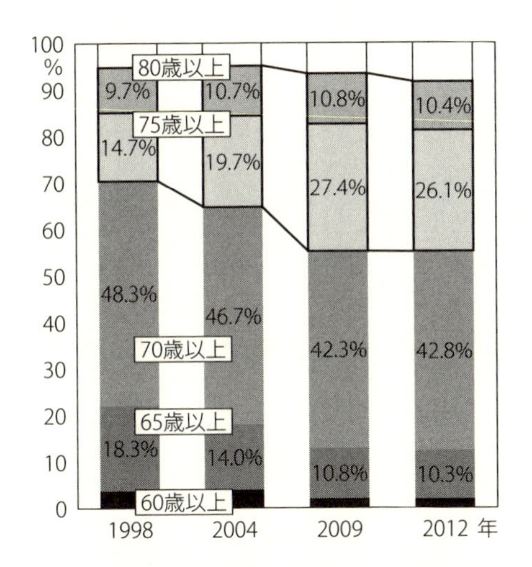

図12－1　「高齢者とは何歳以上か」との質問への回答
（日本老年学会・日本老年医学会，2017）

(Retention, Referrals, Related-Sales）すなわち「カスタマーの維持」「口コミ」「関連商品販売」が重要だといわれている（ヘスケットら，1998)。たとえば，薬局のサービスとは，「医者に話せなかったことの相談対応」「時間外の対応ときめ細かいソフト部分の対応（料金など)」「薬剤師による処方薬の説明（とくに副作用など)」「受付の対応・接遇」「薬局内のアメニティ」「薬のデリバリー」などではないだろうか。このようなサービスが，患者満足の向上と結果的に顧客のロイヤルティにつながり，「来局リピーター」や「口コミ」によって顧客の拡大になる。薬局の場合は，医療機関と違い，薬局に近い処方元医院だけでなく，ほかの医療機関にかかっている地域住民の処方箋を獲得できるかが重要である。すなわち，地域住民の薬局認識度のアップが収益のキーポイントである。

また，図12－1に示したように，高齢者と考えられる年齢も変化している。つまり，高齢者として扱われ，それによって喜ぶ年齢も時代によって変化するわけだ。生物学的にも，今の50歳と50年前の50歳が同じとは思えない。こういった世代は今後何を望むのだろうか。やはり健康ではないだろうか。不老長寿といいかえてもいい。

●価値を高めるマーケティングが必要

健康になるための医療消費にはマーケティングが重要であると述べた。病気をつくりだすことはできないし，もしつくりだしたら犯罪であるが，健康を求めるための医療消費を起こすことは，今後求められてくる。

健康に対する関心が高まっているために，健康をめぐる消費状況にきわめて特徴的な変化が起きてきている。それは，健康関連市場の急激な増大である。健康食品はファンケル，DHCのような廉価なものだけではない。1ヵ月何万円という単位での消費もなされているのだ。実際，医薬品の市場は，薬価制度があるためでもあるが，2005年８兆5328億円，2015年９兆7281億円と，あまり伸びがない（厚生労働省医薬品・医療機器産業実態調査）。一方健康食品も，矢野経済研究所の調べでは2014年7208億円，2017年7708億円とあまり伸びていないが，ブランドを確立してきている。ファンケルは2018年に最高益をあげた。一方サプリメントを含む機能性表示食品は，2015年に446億円であったのが2017年には1788億円に伸びている。『月刊ビジネス』などのビジネス誌でもビジネスヘルスケア[(1)]が取り上げられる時代である。

ここで，この現象に関連した象徴的な出来事を紹介したい。それは駅弁の値下げである。駅あるいは列車内での弁当販売には参入規制が働いていたのであるが，廉価なハンバーガーなど，外部で購入して持ち込みができる商品との値段の格差があまりにも大きくなり，列車内に食事を持ち込む人が多くなりすぎたのが値下げの原因だという。これは，参入規制が事実上意味をなくしたことを示し，まさに医療界で起きたことと類似の現象で興味深い。すなわち医療という規制業種に，規制の少ない商品が参入し，短期間に巨大な市場をつくりあげつつある。

ただし，ここで気をつけなければならないことは，駅弁の場合には，外部から持ち込まれたものも鉄道内部のものも，同じように質の評価がなされているが，医療の場合には必ずしもそうとはいえないことだ。つまり健康食品やサプリメントは玉石混交である。

この健康に関する関心の増大は，健康への不安の裏返しといえる。ここで，日本人の特性として，副作用を非常に恐れる傾向があることも指摘しておかねばならない。

こういった誤解はほかにもある。自由診療への誤解もそれである。拙著（真野，2017a）で指摘したように，諸外国で可能だが日本では不可能な医療は，薬剤の一部を除きそれほど多いわけではない。日本の医師が何かよい治療を隠しているかのごとくよくいわれるのは，間違っている。もちろん医療には100%確実なものはないので，確率的に効果が検証されていない治療法は多くある。それらが認められていない理由はいくつかあるが，現在の日本の場合には，金銭的な理由で厚生労働省が認可しないという例は少ない。多いのは，臨床治験が日本でうまく行なわれないために，認可が（とくに米国に）遅れる例や，効果が確率的に一定以上認められない場合である。

前者については早急な対応が望まれるが，後者の，効果がないわけではないが一定の確率以下であるという場合は，個人の選択次第になる。もしかしたらこういった薬剤は，副作用が非常に強いかもしれない。このような薬を使わなければならない，あるいは使いたい状況に追い込まれることは，医療場面で多くあることはたしかであるが，全員がそういった治療を受けたいわけではない。したがって，こういった薬剤の使用は自己責任で行なうことが望ましい。このように，必ずしも正しいとはいえない健康知識を改めさせるのも，医療マーケティングの役割なのである。

そしてもう一つ，受診抑制に対しても，正しい医学知識の普及をすることで，無駄は無駄として，他方必要なものは必要なものとして，正しい患者行動をとってもらうことも，医療マーケティングが大きな役割を担う時代になったといえよう。

地域医療においても，通常のマーケティング活動は患者に合わせた活動である。すなわち，まず地域に暮らす住民がおり，そして必ず患者が医療サービスを求めて病院を訪れることが前提となっている。いうなれば，病院の顧客を病院が創造するのではなく，すでに存在している顧客に医療をマッチングさせて提供するという手法である。ここでいう顧客とは医療サービスの消費者であり，この消費者は自身が病気なり怪我をしないかぎりは，医療機関への関心をもたない人々である。ということは，潜在的な医療サービスの消費者がその地域の住民として多数居住していたとしても，顧客自身がその気にならないかぎり医療機関に足を運ぶ理由はなかなかないということになる。そこにこそ患者や住民にとって真に価値のある医療が存在し，ソーシャルマーケティング手法も含め，マーケティングの手法が重要になってくるのではないだろうか。

●シンボリック・アナリスト

元米国労働長官である経済学者のロバート・ライシュは，1991年に書いた『ザ・ワーク・オブ・ネーションズ』(1991) のなかで，経済のグローバル化の方向を見据えたうえで，米国人の職業を三つに分類した。この分類は30年近くたった今でも十分適用するし，本書の目的にも合致する。

まず，すべての職種が「サービス業」として性格づけられている点に注目する必要がある。現代社会にあっては，職業は人（顧客，クライアント）の役に立つことで存在意義があるということであり，本書を貫くマーケティング思考に合致する。

分類の第一は，標準的な手順や定められた規則に従ってなされる「定形作業」，いわば繰り返し（ルーティン）の単純作業を行なう職種という意味での「ルーティン・プロダクション・サービス」である。

第二は，対人サービスを行なう「インパースン・サービス」である。人間に対し直接的に価値を提供する仕事で，小売店主，ウェイターとウェイトレス，ホテル従業員，守衛，老人ホームでの介護者，タクシーの運転手，秘書，美容師，自動車整備士，航空機のフライトアテンダント，医師などがこの区分に該当する。異論はあると思われるが，ライシュの分類では医師はここに含まれるという。

さらにライシュが独創的に分類したのが，第三の「シンボリック・アナリティック・サービス」（シンボル分析的サービス）である。これは，シンボル（符号，記号，表像）を操作することで現実の事象をいったん抽象的なイメージに単純化し，それらを組み替えることで多面的な分析を可能にし，問題を発見して解決に導くという手法を駆使する専門サービスを指す。例として，①研究科学者，②設計，ソフトウェア，建設，生物工学，音響などの技術者，③公共関係や不動産関係，投資，法律，会計士などの専門家，④経営，金融，税務，エネルギー，農業，軍事，建築などのコンサルタント，⑤経営情報や組織開発にかかわる戦略プランナー，ヘッドハンター，システムアナリスト，広告プランナー，マーケティング戦略家，⑥アートディレクター，音楽家，テレビ・映画プロデューサー，建築家，映画監督，写真家，工業デザイナー，⑦出版人，作家と編集者，ジャーナリスト，⑧大学教授，といった職業がこれにあたるという。深く物事を探求し，独創性の発揮を要請される専門的職業群ともいえる。

第４章でも述べたように，サービス業では人材が鍵である。この種の職業は程度の差はあるだろうが，知識や情報，そして判断力が決め手になる。本来は医師などの医療従事者もここに入るのではないか。個々の医療従事者がこういった意識をもつことで医療自体が改革され，変化に対応できる医療機関が生まれるのではないかと考えるのである。

●生活者が医療に対して参加意識をもつ：国民皆保険は当たり前の制度ではない

このような大きな流れのなかで，医療に求められるものは，提供者側の論理から生活者側の価値へと変化している。筆者の考えとしては，医療の選択という患者（あるいは生活者）の参加がきわめて重要である。医療には，通常の産業と異なるいくつかの特徴があるが，最大の特徴は，医療は生活を行なううえでの必需品であるということである。このために，医療には，近代生活のために欠くことができないインフラとして，電力や鉄道，金融といったものと同じような公共性が必要になる。日本では，いつでもどこでも医者にかかることができる，あるいは救急車を呼べばすぐに来てくれる，といったことが当たり前になっており，誰もそれを疑わない。国民皆保険制度が空気のように当たり前になっているといえる。

日本の医療制度は，世界に誇るこの国民皆保険制度によって，患者が自己負担額を意識しにくい仕組みになっている。これには，いつでもどこでも医

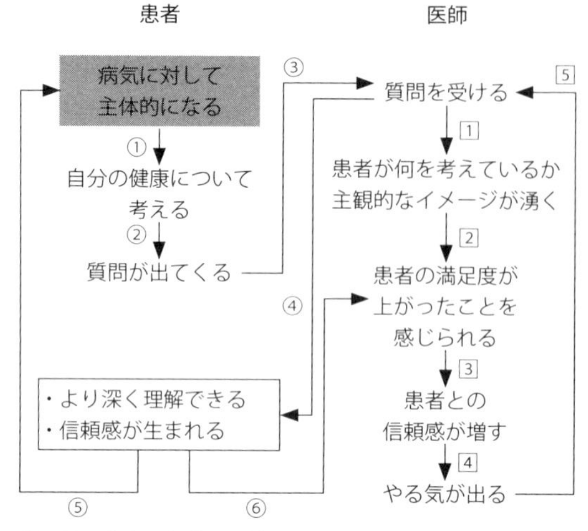

①〜⑥　患者の行動・心情にかかわるもの
1〜5　医師の内面的変化

図12－２　患者と医師の好循環（真野，2018）

者にかかることができ，受診抑制を起こしにくい，いいかえれば平等な医療を受けることができるといった大きなメリットがある。

しかし，この日本が置かれている状況はかなり恵まれたものといわざるをえない。その豊かさゆえに，今までの日本人はあまり健康について関心を払ってこなかったように思える。一方，たとえば中国人は毎朝の太極拳といったかたちで健康に注意を払ってきた。また米国人はみずからの加入している医療保険や病気について医師なみによく知っている。この差は何であろうか。

医療制度が優れている日本では，医師にお任せ，それも病気になってからお任せ，でよかった。しかし，これからは生活者にも意識変革が必要とされるのである。

医療や健康面での適切な意思決定のために，医療や健康情報・サービスを調べ，理解し，効果的に利用する個人的能力がヘルスリテラシーである。中山ら（Nakayama ら，2015）にも示されるように，日本人はヘルスリテラシーが低い。そのために，医療に患者が参加することが少なくなっていると考えられる。しかし，それではいけない。図12－２に，筆者が提唱している患者と医師の好循環を示す。このように患者が医療に参加することで，医師など医療者の満足度も上昇し，信頼関係が生まれるのである。

こういった関係になるためにも，患者の参加，そして医師などの医療者がそれを引き出したりあるいは受け止めたりすることが最重要だろう。そのための手法としてマーケティングがあるのである。

（1）ヘルスケアとは，旧来はメディカル（医療）の分野を除く予防分野や医療周辺分野に関するものであったが，近年ではメディカル領域も含んでヘルスケアと言う場合も多く，ここではその意味で使っている。

参考文献

アーカー，デービッド. A.（野中郁次郎・北洞忠宏・嶋口充輝他訳）（1986）『戦略市場経営：戦略をどう開発し評価し実行するか』ダイヤモンド社
アーカー，デービッド. A.（陶山計介・尾崎久仁博・中田善啓他訳）（1994）『ブランド・エクイティ戦略：競争優位をつくりだす名前，シンボル，スローガン』ダイヤモンド社
アリストテレス（山本光雄訳）（1961）『政治学』岩波文庫
Arrow, K.J.（1963）Uncertainty and the welfare economics of medical care. *American Economic Review* 53（5）: 941-973.
バウマン，ジグムント（高橋良輔・開内文乃訳）（2009）『幸福論："生きづらい"時代の社会学』作品社
Berkman, L.F., Leo-Summers, L., Horwitz, R.I.（1992）Emotional support and survival following myocardial infarction: A prospective population-based study of the elderly. *Annals of Internal Medicine* 117（12）: 1003-1009.
クラーク，コーリン（大川一司訳）（1940）『経済進歩の諸条件』勁草書房
Costello, B.A., McLeod, T.G., Locke, G.R. et al.（2008）Pessimism and hostility scores as predictors of patient satisfaction ratings by medical out-patients. *International Journal of Health Care Quality Assurance* 21（1）: 39-49.
Darby, M.R. & Karny, E.（1973）Free competition and the optimal amount of fraud. *The Journal of Law and Economics* 16（1）: 67-86.
土居健郎（2001）『「甘え」の構造』弘文堂
Donabedian, A.（1966）. Evaluating the quality of medical care. *The Milbank Memorial Fund Quarterly* 44（3）: 166-203.
ドラッカー，ピーター（上田惇生訳）（2000）『チェンジ・リーダーの条件：みずから変化をつくりだせ！』ダイヤモンド社
ドラッカー，ピーター（上田惇生編訳）（2001）『マネジメント：基本と原則【エッセンシャル版】』ダイヤモンド社
ドラッカー，ピーター（上田惇生訳）（2002）『ネクスト・ソサエティ：歴史が見たことのない未来がはじまる』ダイヤモンド社
ドラッカー，ピーター（上田惇生訳）（2006）『現代の経営（上・下）』ダイヤモンド社
フォックス，レネー. C.（中野真紀子訳）（2003）『生命倫理をみつめて：医療社会学者の半世紀』みすず書房
フュックス，ビクター（江見康一訳）（1974）『サービスの経済学』日本経済新聞社
藤川佳則（2006）「脱コモディティ化のマーケティング：顧客が語れない潜在需要を掘り起こす」『一橋ビジネスレビュー』53（4）: 66-78.

ガルブレイス，ジョン.ケネス（角間隆訳）（2002）『日本経済への最後の警告』徳間書店
ガルブレイス，J.K.（2006）（鈴木哲太郎訳）『ゆたかな社会 決定版』岩波現代文庫
グロービス（1997）『MBA マーケティング』ダイヤモンド社
グリーンハル，トリシャ・ハーウィッツ，ブライアン編（斎藤清二ほか訳）（2001）『ナラティブ・ベイスト・メディスン：臨床における物語りと対話』金剛出版
長谷川敏彦編（2002）『戦略的病院経営』医学書院
ヘイブンズ，レストン（下山晴彦訳）（2001）『心理療法における言葉の使い方』誠信書房
林京子（2011a）「遠隔医療の働き①アメリカでの医療コールセンターの試みを例に」『治療』93（1）: 147-151.
林京子（2011b）「遠隔医療の働き②退役軍人病院で行われる“Tele-health”の試み」『治療』93（2）: 309-313.
ハイルブローナー，ロバート.L.（八木甫・松原隆一郎・奥井智之他訳）（2001）『入門経済思想史 世俗の思想家たち』ちくま学芸文庫
ヘスケット，ジェームス.L.・シュレシンジャー，レオナード.A.・W・アール・サッサー（島田陽介訳）（1998）『カスタマー・ロイヤルティの経営』日本経済新聞社
ヘスケット，ジェームス.L.・シュレシンジャー，レオナード.A.・アール，サッサー.W.（山本昭二・小野譲司訳）（2004）『バリュー・プロフィット・チェーン：顧客・従業員満足を「利益」と連鎖させる』日本経済新聞社
廣田祥司（2010）『メディカルマーケティング：選ばれる医療機関になるために』日経BP コンサルティング
堀内圭子（2010）『“快楽消費” する社会：消費者が求めているものはなにか』中公新書
井原哲夫（1999）『サービスエコノミー』東洋経済新報社
池尾恭一（1999）『日本型マーケティングの革新』有斐閣
石井淳蔵（1999）「日本型マーケティングの変貌」『書斎の窓』485: 24-29.
石井淳蔵・嶋口充輝編（1995）『営業の本質』有斐閣
伊藤元重（2004）「伊藤元重のマーケティング講座」『日経 MJ』
Johnson, L.W., Soutar, G.N., Sweeney, J.C.（2000）Moderators of the brand image/perceived product quality relationship. *Journal of Brand Management* 7（6）: 425-433.
香川勇介，真野俊樹（2017）「医療サービスにおける予防的コミュニケーション：セルフ・エフィカシー理論の適用」『マーケティングジャーナル』36（3）: 37-50.
Kahneman, D.（1999）Objective happiness. In: Kahneman, D., Diener, E., Schwarz, N.（eds.）*Well-being: the foundations of hedonic psychology*. pp.3-25. Russell Sage Foundation.（https://www.pxj.or.jp/）
経済産業省商務情報政策局サービス産業課サービス産業生産性協議会品質・認証委員会（2008年）「医療サービスの品質評価に関する調査報告書」
ケラー，ケビン.レーン（恩蔵直人・亀井昭宏訳）（2000）『戦略的ブランド・マネジメント』東急エージェンシー出版部
国立社会保障・人口問題研究所（2017）「全国厚生労働関係部局長会議資料」（https://www.mhlw.go.jp/topics/2019/01/dl/18_seisakutokatu-somu-02.pdf）

Kong, A., Barnett, G.O., Mosteller, F. et al.（1986）How medical professionals evaluate expressions of probability. *New England Journal of Medicine* 315（12）: 740-744.
近藤隆雄（1999）『サービス・マーケティング』生産性出版
近藤隆雄（2004）『新版 サービスマネジメント入門：商品としてのサービスと価値づくり』生産性出版
Kotler, P., & Levy, S.J.（1969）Broadnig the concept of marketing. *Journal of Marketing* 33（1）: 10-15.
Kotler, P., & Zaltman, G（1971）Social marketing: An approach to planned social change. *Journal of Marketing* 35（3）: 3-12.
コトラー，フィリップ（恩藏直人訳）（2001）『コトラーのマーケティング・マネジメント（ミレニアム版）』ピアソン・エデュケーション
コトラー，フィリップ・ロベルト，エデュアルド．L．（井関利明監訳）（1995）『ソーシャル・マーケティング：行動変革のための戦略』ダイヤモンド社
コトラー，フィリップ・リー，ナンシー．R．（塚本一郎監訳）（2010）『ソーシャル・マーケティング：貧困に克つ７つの視点と10の戦略的取り組み』丸善
厚生労働省（2018）「平成29年受療行動調査」（https://www.mhlw.go.jp/toukei/saikin/hw/jyuryo/17/index.html）
厚生労働省保険局（2018）第111回社会保障審議会医療保険部会資料（https://www.mhlw.go.jp/stf/shingi2/0000204033.html）
クルーグマン，ポール（1995）『経済政策を売り歩く人々：エコノミストのセンスとナンセンス』日本経済新聞社
久保田進彦（2012）『リレーションシップ・マーケティング：コミットメント・アプローチによる把握』有斐閣
レビット，セオドア（DIAMONDハーバードビジネスレビュー編集部訳）（2001）『[新訳] マーケティング近視眼：レビット・マーケティング論の原点』ダイヤモンド社
李啓充（2000）『米国医療の光と影』医学書院
ルーマン，ニコラス（大庭健・正村俊之訳）（1990）『信頼』勁草書房
真野俊樹（2000）「価値（Value）に基づいた病院組織論：病院における Value Chain」『社会保険旬報』2068: 16-20.
真野俊樹（2004）『医療マネジメント』日本評論社
真野俊樹（2005）『健康マーケティング』日本評論社
真野俊樹（2013）『比較医療政策：社会，民主主義・保守主義・自由主義』ミネルヴァ書房
真野俊樹（2017a）『日本の医療，くらべてみたら10勝５敗３分けで世界一』講談社＋α新書
真野俊樹（2017b）『医療危機：高齢社会とイノベーション』中公新書
真野俊樹（2018）『治療格差社会：ドラッカーに学ぶ，後悔しない患者学』講談社＋α新書
真野俊樹・小林慎・井田浩正（2003）「医療におけるブランドの意味：情報の非対称が大きい財での考察」『医療マネジメント学会雑誌』４（2）: 329-334.

マーケティング史研究会編（1993）『マーケティング学説史』同文舘出版
丸山俊一・NHK「欲望の時代の哲学」制作班（2018）『マルクス・ガブリエル欲望の時代を哲学する』NHK 出版新書
Meyer, C., & Schwager, A. (2007) Understanding customer experience. *Harv Bus Rev* 85 (2): 116-120.
村上陽一郎（1996）『医療：高齢社会へ向かって』読売新聞社
Nakayama, K., Osaka, W., Togariet, t. et al. (2015) Comprehensive health literacy in Japan is lower than in Europe: A validated Japanese-language assessment of health literacy. *BMC Public Health* 15: 505.
中田善啓（2002）『マーケティングの変革：情報化のインパクト』同文館出版
Nelson, P. (1970) Information and consumer behavior. Journal of Political Economy 78 (2): 311-329.
Nelson, W.W. (2014) Current medical research and opinion 30: 2461.
日経広告研究所編（2002）『広告にかかわる人の総合講座』日本経済新聞社
日本老年学会・日本老年医学会（2017）「高齢者に関する定義検討ワーキンググループ報告書」(http://geront.jp/news/pdf/topic_170420_01_01.pdf)
野中郁次郎・竹内弘高（1996）『知識創造企業』東洋経済新報社
OECD (2017a) Health Statistics 2017. Practising doctors per 1000 population. (https://www.oecd.org/els/health-systems/Health-at-a-Glance-2017-Chartset.pdf)
OECD (2017b) Health Statistics 2017. WHO Health Expenditure Database. (http://apps.who.int/nha/database)
ポーター，マイケル（土岐坤訳）(1985)『競争優位の戦略』ダイヤモンド社
ポーター，マイケル・テイスバーグ，エリザベス（山本雄士訳）(2009)『医療戦略の本質：価値を向上させる競争』日経 BP
Rao, A.R., & Monroe, K.B. (1988) The moderating effect of prior knowledge on cue utilization in product evaluations. *Journal of Consumer Research* 15 (2): 253-264.
ライシュ，ロバート（中谷巌訳）(1991)『ザ・ワーク・オブ・ネーションズ：21世紀資本主義のイメージ』ダイヤモンド社
ライシュ，ロバート（2002）『勝者の代償』東洋経済新報社
労働政策研究・研修機構編（2011）『データブック国際労働比較2011』労働政策研究・研修機構
堺屋太一（2003）『東大講義録：文明を解く』講談社
Schillinger, D., Grumbach, K., Piette, J. et al. (2002) Association of health literacy with diabetes outcomes. *JAMA* 288 (4): 475-482.
Schmitt, B. (1999) Experiential marketing. *Journal of Marketing Management* 15 (1-3): 53-67.
シュムペーター，J . A.（塩野谷祐一・東畑精一・中山伊知郎訳）(1977)『経済発展の理論：企業者利潤・資本・信用・利子および景気の回転に関する一研究（上・下)』岩波文庫
Schwager, A., & Meyer, C. (2007) Understanding customer experience. Harvard

Business Review February 2007.（https://hbr.org/2007/02/understanding-customer-experience）
世界経済フォーラム（2018）「世界競争力報告」
セン，アマルティア（大石りら訳）（2002）『貧困の克服：アジア発展の鍵は何か』集英社新書
嶋口充輝（1994）『顧客満足型マーケティングの構図：新しい企業成長の論理を求めて』有斐閣
嶋口充輝・石井淳蔵・上原征彦（2008）『マーケティング・アンビション思考』角川書店
清水滋（1978）『サービスの話』日本経済新聞社
Shostack, G.L.（1977）Breaking Free from product marketing. *Journal of Marketing* 41（2）: 73-80.
塩野谷祐一（2002）『経済と倫理』東京大学出版会
Smith, R.（2002）In search of non-disease. *BMJ* 324（7342）: 883-885.
曽我香織（2017）「患者満足から『患者経験価値』へ」『PHASE3』2017年10月号: 62-65.（https://www.pxj.or.jp/）
総務省（2013）「平成24年就業構造基本調査」（http://www.stat.go.jp/data/shugyou/2012/）
総務省統計局（2017）「労働力調査年報」（https://www.stat.go.jp/data/roudou/report/index.html）
Spiegel, D., Bloom, J.R., Gottheil, E.（1989）Effect of psychosocial treatment on survival of patients with metastatic breast cancer. *Lancet* 2（8668）: 888-891.
スティグリッツ，J．E．（藪下史郎訳）（1996）『公共経済学（上・下）』東洋経済新報社
スチュワート，モイラ（山本和利訳）（2002）『患者中心の医療』診断と治療社
杉本ゆかり・中村博・真野俊樹「診療所スタッフ（医師・看護師・医療スタッフ）のスキルが患者満足に及ぼす影響：慢性疾患患者別アプローチ」『日本医療マネジメント学会雑誌』19（2）: 49-58.
社会保障国民会議（2008）「社会保障国民会議における検討に資するために行う医療・介護費用のシミュレーション（本体資料）」（https://www.kantei.go.jp/jp/singi/syakaihosyoukokuminkaigi/iryou/siryou_1.pdf）
消費者庁（2018）消費者意識基本調査（https://www.caa.go.jp/policies/policy/consumer_research/research_report/survey_002/）
高嶋克義・南知惠子（2006）『生産財マーケティング』有斐閣
田中洋（2002）『企業を高めるブランド戦略』講談社現代新書
田中洋（2017）『ブランド戦略論』有斐閣
田尾雅夫（1993）『モチベーション入門』日経文庫
田尾雅夫（2002）『ヒューマン・サービスの経営』白桃書房
トゥボール，ジェームズ（小山順子・有賀裕子訳）（2007）『サービス・ストラテジー：価格優位性のポジショニング』ファーストプレス
The Conference Board of Canada（2012）International Ranking Canada: Benchmarked against 15 countries.（https://www.conferenceboard.ca/hcp/details/health.aspx）
外山滋比古（1987）『日本語の論理』中公文庫

辻一郎（研究代表）（2017）『健康寿命及び地域格差の要因分析と健康増進対策の効果検証に関する研究　平成28年度総括・分担研究報告書』厚生労働科学研究費補助金循環器疾患・糖尿病等生活習慣病対策総合研究事業

上原征彦（1985）「サービス・マーケティングの本質と日本的課題」『マーケティングジャーナル』 4 （4）: 11-18.

上原征彦（1999）『マーケティング戦略論』有斐閣

上野まな美（2015）「米国の歴史的医療保険制度改革，オバマケア」大和総研（https://www.dir.co.jp/report/research/economics/usa/20150514_009714.pdf）

宇沢弘文（2000）『社会的共通資本』岩波新書

ヴェーバー，マックス（大塚久雄訳）（1989）『プロテスタンティズムの倫理と資本主義の精神』岩波文庫

山田昌弘・電通チームハピネス（2009）『幸福の方程式』ディスカヴァー・トゥエンティワン

山岸俊男（1998）『信頼の構造』東京大学出版会

山本昭二（1999）『サービスクオリティ』千倉書房

兪炳匡（2006）『「改革」のための医療経済学』メディカ出版

Zeithaml, V.A.（1981）How consumer evaluation process differ between goods and services. In: Donnelly, J.H. & George, W.R.（eds.）*Marketing of services*. pp.186-190. American Marketing Association.

索 引

A to Z

あ行

か行

さ行

た・な行

は行

ま行

や・ら・わ行

●著者略歴

真野俊樹（まの・としき）

1987年名古屋大学医学部卒業。医学博士，経済学博士，MBA，総合内科専門医，日本医師会認定産業医。臨床医，製薬企業のマネジメントを経て，中央大学大学院戦略経営研究科教授，多摩大学大学院特任教授。厚生労働省独立行政法人評価に関する有識者会議 WG 構成員（座長），公益財団法人日本生産性本部日本版医療MB賞クオリティクラブ（JHQC）運営委員長などを兼務。出版・講演も多く，マネジメントやイノベーションの視点で医療・介護業界の改革を考えている。著書に『医療マネジメント』（日本評論社），『医療危機：高齢社会とイノベーション』（中公新書），『治療格差社会：ドラッカーに学ぶ，後悔しない患者学』（講談社＋α新書）などがある。

医療（いりょう）マーケティング　第（だい）3版（はん）

2003年2月15日　第1版第1刷発行
2011年7月20日　新　版第1刷発行
2019年7月20日　第3版第1刷発行

著　者――真野俊樹
発行所――株式会社　日本評論社
〒170-8474　東京都豊島区南大塚3-12-4
電話　03-3987-8595（編集）-8621（販売）
振替　00100-3-16
印刷所――平文社
製本所――井上製本所
装　幀――神田程史

ISBN 978-4-535-98476-9　　Printed in Japan